NEUKIRCHENER

Ferdinand Hahn

Frühjüdische und urchristliche Apokalyptik

Eine Einführung

Neukirchener

Biblisch-Theologische Studien 36

Herausgegeben von
Ferdinand Hahn, Hans-Joachim Kraus,
Werner H. Schmidt und Wolfgang Schrage

Die Deutsche Bibliothek – CIP-Einheitsaufnahme

Hahn, Ferdinand:
Frühjüdische und urchristliche Apokalyptik: eine Einführung /
Ferdinand Hahn. - Neukirchen-Vluyn: Neukirchener, 1998
  (Biblisch-theologische Studien; 36)
  ISBN 3-7887-1667-3

© 1998
Neukirchener Verlag
Verlagsgesellschaft des Erziehungsvereins mbH
Neukirchen-Vluyn
Alle Rechte vorbehalten
Satz und Druckvorlage: Michael Schlierbach
Umschlaggestaltung: Hartmut Namislow
Gesamtherstellung: WB-Druck GmbH & Co. Buchproduktions KG
Printed in Germany
ISBN 3-7887-1667-3

Vorwort

Die vorliegende Darstellung der frühjüdischen und urchristlichen Apokalyptik geht auf eine Vorlesung zurück, die ich im Sommersemester 1997 an der Universität München gehalten habe. Sie hatte die Funktion einer Einführung, und diesen Charakter trägt auch die überarbeitete Fassung. Wissenschaftliche Probleme werden berücksichtigt, aber nicht im einzelnen diskutiert.
Mit dieser Veröffentlichung ist eine doppelte Zielsetzung verbunden: Einmal soll eine Übersicht vermittelt werden über den Bestand an apokalyptischen Schriften und Traditionen. Sodann geht es darum, Verständnis für das Phänomen der jüdisch-christlichen Apokalyptik zu fördern, da sie in ihrer Eigenart oft nur partiell wahrgenommen und häufig sogar negativ beurteilt wird. Es geht keineswegs nur um Katastrophenschilderung und Zukunftsweissagung, vielmehr um eine ausgeprägte Konzeption von Geschichte und Welt in Verbindung mit der Frage nach Unheil und Heil. Die Bedeutung der Apokalyptik für die Botschaft Jesu und die Verkündigung der Urgemeinde wird oft gar nicht hinreichend gesehen.
Es sollen Zugänge zu den apokalyptischen Texten erschlossen werden, die zugleich Anregungen zur eigenen Beschäftigung mit diesen Überlieferungen geben wollen. Auf Textausgaben und Übersetzungen ist daher jeweils hingewiesen. Auch Inhaltsübersichten sind berücksichtigt, weil vieles außerhalb der Fachwelt kaum bekannt ist. Vor allem geht es aber um eine knappe Erörterung der inhaltlichen und theologischen Probleme.

Martinsried, Advent 1997   Ferdinand Hahn

Inhalt

Vorwort V
Inhalt VII

I Grundsatzfragen 1
§ 1 Eigenart und Erscheinungsformen
     der Apokalyptik 1
     1 Was ist Apokalyptik? 1
     2 Die geschichtliche Stellung der frühjüdisch-
        urchristlichen Apokalyptik 4
     3 Überblick über die apokalyptische Literatur . 6

§ 2 Zur Forschungsgeschichte und
     Gegenwartsdiskussion 8
     1 Die Entdeckung apokalyptischer Schriften .. 8
     2 Der Beginn der Erforschung
        der Apokalyptik 9
     3 Die Apokalyptikforschung im 20. Jahrhundert 10

II Frühjüdische Apokalyptik 13
§ 3 Vorformen der Apokalyptik im Alten Testament . 13
     1 Ezechiel und Deuterojesaja 13
     2 Tritojesaja, Deuterosacharja und Joel 3–4 . 14
     3 Die jüngsten Teile des Jesajabuches
        (Jes 34–35; Jes 24–27) 16
     4 Sonstige alttestamentliche Traditionen 18
     5 Rückblick auf die Anfänge der Apokalyptik.. 19

§ 4 Das Buch Daniel 21
     1 Zur Gestalt des Danielbuches 21
        1.1 Inhaltsübersicht 21
        1.2 Die Textfassungen 22
        1.3 Formgeschichtliche Beobachtungen .. 24

	2		Die Visionen des Danielbuches	24
		2.1	Die Vision von der Statue und ihrer Zerstörung Dan 2	24
		2.2	Die Vision von den Tieren aus dem Abgrund und dem Menschensohn Dan 7 .	26
		2.3	Die Vision von Widder und Ziegenbock Dan 8	27
		2.4	Die Vision von den siebzig Jahrwochen Dan 9	29
		2.5	Die Schlußvision Dan 10–12	30
	3		Spezielle Probleme	31
		3.1	Die Gestalt des Menschensohnes	31
		3.2	Die Engelvorstellung	33
	4		Die apokalyptische Prophetie des Danielbuches und ihr geschichtlicher Ort	34
		4.1	Die Grundkonzeption apokalyptischen Denkens	34
		4.2	Zeit und Trägerkreis der Danielvisionen.	35
	5		Die Wirkungsgeschichte des Danielbuches .	36
§ 5			Die Assumptio Mosis (Himmelfahrt Moses) ..	37
	1		Die Textüberlieferung	37
	2		Zur apokryphen Moseliteratur	37
	3		Aufbau und Inhalt der Schrift	39
	4		Das apokalyptische Geschichtsbild der Assumptio Mosis	40
§ 6			Die Henochüberlieferung	43
	1		Textfassungen und Textüberlieferung	43
		1.1	Die vorhandenen Textfassungen	43
		1.2	Die Textüberlieferung	43
		1.3	Zu Alter und Traditionsgeschichte der Texte	45
		1.4	Übersicht über das äthiopische und das slavische Henochbuch	46
		1.4.1	Äthiopischer Henoch	46
		1.4.2	Slavischer Henoch	47
	2		Die ältesten Teile des äthiopischen Henochbuches	47
		2.1	Die Zehn-Wochen-Apokalypse	48
		2.2	Die Tiervision	50

Inhalt IX

    3   Die Hauptteile des äthiopischen Henochbuches 51
        3.1 Das angelologische Buch/ Das Buch der Wächter 51
        3.2 Das Buch der Traumvisionen und das paränetische Buch 53
    4   Die jüngeren Teile des äthiopischen Henochbuches 54
        4.1 Die Bilderreden 54
        4.2 Das astronomische Buch 58
    5   Das slavische Henochbuch 59
    6   Zusammenfassende Beobachtungen zur Henoch-Tradition 62

§ 7 Das 4. Buch Esra 63
    1   Die Textüberlieferung 63
        1.1 Zur Bezeichnung der Schrift 63
        1.2 Zur Textfassung und den Übersetzungen..................... 64
    2   Der Inhalt des 4. Esrabuches 65
    3   Die Schlußvision 65
    4   Die drei ersten Visionen 67
    5   Die vierte und fünfte Vision 69
    6   Die sechste Vision 70
    7   Die Bedeutung des 4. Esrabuches 71
    8   Anhang: Die griechische Esra-Apokalypse . 74

§ 8 Die syrische und die griechische Baruch-Apokalypse 76
    1   Zu den Textfassungen 76
        1.1 Die verschiedenen Baruch-Bücher ... 76
        1.2 Zur Frage der Herkunft 76
        1.3 Zu den Übersetzungen 77
    2   Die syrische Baruch-Apokalypse 78
        2.1 Aufbau und Gliederung 78
        2.2 Die Teile I–III 78
        2.3 Die Teile IV–VII 79
    3   Das Verhältnis des syrischen Baruch zu 4Esra und seine theologische Eigenart 81
    4   Die griechische Baruch-Apokalypse 84

§ 9 Sonstige apokalyptische Überlieferungen
des Frühjudentums 86
    1 Kleinere Apokalypsen 86
        1.1 Die Apokalypse Eliae 86
        1.2 Die Apokalypse Abrahams 87
        1.3 Die Apokalypse Zephanjas
            (Sophonias) 87
        1.4 Das Apokryphon Ezechiel 88
        1.5 Zur christlichen Rezeption
            und Überarbeitung 88
    2 Apokalyptisch beeinflußte frühjüdische
      Schriften 89
        2.1 Die Testamente der Zwölf Patriarchen 89
        2.2 Das Jubiläenbuch 89
        2.3 Die Qumranschriften 90
    3 Die Oracula Sibyllina 90

III Urchristliche Apokalyptik 92
§ 10 Apokalyptische Voraussetzungen und
Grundstrukturen im Neuen Testament 92
    1 Johannes der Täufer 92
    2 Jesus von Nazareth 93
    3 Die urchristliche Verkündigung 96

§ 11 Apokalyptische Elemente bei Paulus 99
    1 Paulus als Jude und als Christ 99
    2 Apokalyptische Motive im Zusammenhang
      von Gegenwartsaussagen 100
    3 Apokalyptische Traditionen
      in Endzeitaussagen 101
        3.1 Einzelmotive 101
        3.2 Der Abschnitt 1Thess 4,13–5,11 102
        3.3 Die Aussagen in 1Kor 15 103
        3.4 Phil 3,10f.20f und 2Kor 5,1–10 105
        3.5 Die endzeitliche Hoffnung für Israel
            nach Röm 11 106
    4 Das Verhältnis des Apostels Paulus
      zur Apokalyptik 106

§ 12 Der Zweite Thessalonicherbrief 108
    1 Beobachtungen zur Paulusschule 108

Inhalt XI

    2   Das Verhältnis des Zweiten Thessalonicherbriefs zum Ersten 109
    3   Das verstärkt apokalyptische Denken im 2. Thessalonicherbrief 110
    4   Zur Eigenart des 2. Thessalonicherbriefs .. 113

§ 13 Die synoptische Apokalypse Mk 13 parr 115
    1   Die Endzeitrede in Mk 13 115
    2   Die Übernahme der markinischen Endzeitrede in Mt 24–25 118
    3   Die Rezeption der Endzeitrede bei Lukas . 121
    4   Rückblick auf Mk 13 parr 124

§ 14 Die Johannesoffenbarung 126
    1   Die Stellung der Johannesoffenbarung ... 126
        1.1 Der Zusammenhang mit der apokalyptischen Tradition 126
        1.2 Das Verhältnis zum Johannesevangelium und den Johannesbriefen 127
    2   Der Aufbau des Buches 128
    3   Die Johannesoffenbarung als prophetische Schrift 129
    4   Zum Inhalt der Johannesoffenbarung 130
        4.1 Die Rahmenstücke und die Beauftragungsvision 130
        4.2 Die Sendschreiben 132
        4.3 Die Thronsaalvision 132
        4.4 Die drei Siebener-Zyklen 133
        4.5 Die exkursartigen Abschnitte 134
        4.6 Die Schlußvision 137
    5   Eigenart und Bedeutung der Johannesoffenbarung 137

§ 15 Christliche Apokalyptik in der Übergangszeit zur Alten Kirche 140
    1   Nachwirkungen urchristlicher Apokalyptik zu Beginn des 2. Jahrhunderts 140
        1.1 Der Judas- und der Zweite Petrusbrief 140
        1.2 Die Didache 141

2	Die Petrusoffenbarung	142
	2.1 Zur Textüberlieferung	143
	2.2 Zu Inhalt und Aufbau	143
	2.3 Zum Charakter der Schrift	144
3	Spätformen urchristlicher Prophetie	145
	3.1 Der Hirte des Hermas	145
	3.2 Die montanistische Prophetie	147
4	Die Verchristlichung jüdischer Apokalypsen	148
	4.1 Das 5. Buch Esra (= 4Esra 1–2)	148
	4.2 Das 6. Buch Esra (= 4Esra 15–16) ...	149
	4.3 Die Ascensio Jesajae	150
	4.4 Die christlichen Sibyllinen	151
5	Anhang: Sonstige apokalyptische Texte ..	151
	5.1 Das Buch Elchasai	151
	5.2 Die Paulus-Apokalypse	152
	5.3 Gnostische Apokalypsen aus Nag Hammadi	152

IV Abschließende Überlegungen 154

§ 16 Eigenart und Bedeutung der frühjüdischen Apokalyptik 154
1 Die Konzeption der Apokalyptik 154
2 Zur Bedeutung der frühjüdischen Apokalyptik 156

§ 17 Rezeption und Tragweite der Apokalyptik im Urchristentum und in der Alten Kirche ... 158
1 Die Rezeption apokalyptischen Denkens im Urchristentum 158
2 Die Strukturelemente apokalyptischen Denkens 159
3 Die Tragweite apokalyptischen Denkens im frühen Christentum 160

§ 18 Die theologische Funktion apokalyptischen Denkens und deren Gegenwartsbedeutung ... 163
1 Zur theologischen Funktion 163
2 Die geistesgeschichtliche Auswirkung des apokalyptischen Denkens 164
3 Die Aktualität des apokalyptischen Denkens 166

Inhalt XIII

Literatur 169
  1 Textausgaben 169
  2 Zur Forschungsgeschichte 170
  3 Zur neueren Diskussion 171
  4 Beachtenswerte Einzelstudien zur alttestamentlich-frühjüdischen Apokalyptik 172
  5 Beachtenswerte Einzelstudien zur frühchristlichen Apokalyptik 172
  6 Zum Schlußteil 174

I Grundsatzfragen

§ 1 Eigenart und Erscheinungsformen der Apokalyptik

1 Was ist Apokalyptik?

1.1 Das Wort „Apokalyptik" oder „apokalyptisch" begegnet häufig in unserer Umgangssprache. Es handelt sich dabei um die Vorstellung von Katastrophen und möglichem Weltuntergang. Dahinter steht eine lange Tradition, bei der Krisenerfahrungen eine entscheidende Rolle spielen.

1.1.1 Daß Apokalyptik ein typisches Phänomen ist, das in Krisenzeiten auftaucht, zeigt sich bereits in der Antike. Es hat derartige Denkweisen und Auffassungen in Mesopotamien, in Persien und in Ägypten gegeben, zeitweise auch in Rom. Apokalyptische Vorstellungen und Schreckensbilder haben sich bis in die Gegenwart fortgesetzt. Im Abendland hat dabei die frühjüdische und urchristliche Apokalyptik einen erheblichen Einfluß gehabt.

1.1.2 Die frühjüdische und urchristliche Apokalyptik ist nur eine Teilerscheinung des Gesamtphänomens. Auch hier geht es um das Problem weltweiter Krisen und Katastrophen, verbunden mit dem Gedanken an ein Ende der irdischen Geschichte und Welt. Zugleich handelt es sich aber um eine ganz spezifische Ausprägung apokalyptischen Denkens, was damit zusammenhängt, daß sie in Zusammenhang mit dem Gottesglauben Israels steht und seit spätalttestamentlicher Zeit Bestandteil der jüdischen und frühchristlichen Prophetie geworden ist.

Einer kurzen Erläuterung bedürfen die Begriffe Frühjudentum und Urchristentum. Im Alten Testament unterscheiden wir neben der Geschichte Israels bis zur Landnahme die vorexilische und die nachexilische Zeit, also die Zeit vor 587 v. Chr., der ersten Tempelzerstörung, und der Zeit nach 538 v. Chr., der beginnenden Rückkehr aus der Verschleppung nach Babylon. Die nachexilische Zeit erstreckt sich bis ins 3. Jh. v. Chr., wobei auch von spätalttestamentlichen Überlieferungen gesprochen wird. Schriften seit dem Makkabäeraufstand im 2. Jh. v. Chr. sind abgesehen vom Danielbuch nicht mehr in den jüdischen Kanon aufgenommen worden (anders verhält es sich in der Septuaginta). Die nachalttestamentlichen Überlieferungen aus der Zeit vom 2. Jh. v. Chr. bis zum ausgehenden 2. Jh. n. Chr. (der schriftlichen Fixierung der Mischna) werden unter der Bezeichnung Frühjudentum zusammengefaßt. Vom Urchristentum ist die Rede im Blick auf die grundlegende Frühzeit, deren Schriften im Neuen Testament vereinigt sind und für die Folgezeit maßgebend blieben. Das bedeutet, daß das Urchristentum die Zeit bis zur Wende vom 1. zum 2. Jh. n. Chr. umfaßt. Es gibt aber auch noch nachneutestamentliche Überlieferungen, die mit der apokalyptischen Tradition des Urchristentums in engem Zusammenhang stehen, wobei dann von Frühchristentum zu sprechen ist.

1.2 Mit dem Hinweis auf das Phänomen apokalyptischen Denkens und apokalyptischer Vorstellungen ist der Begriff „Apokalyptik" noch nicht geklärt. Dieses Wort ist von dem weitverbreiteten Phänomen zu unterscheiden. Es stammt aus jüdisch-christlicher Tradition und ist erst sekundär auf entsprechende außerjüdische Traditionen übertragen worden.

1.2.1 Der Begriff „Apokalyptik" ist abgeleitet von ἀποκάλυψις, dem Begriff für „Offenbarung". Genauer ist zu formulieren: „Apokalyptik" ist abgeleitet von der Verwendung des genannten griechischen Begriffs am Anfang der Johannesoffenbarung. Damit verbindet sich ein spezielles Verständnis von „Offenbarung". Es geht nicht nur um die Selbstbezeugung Gottes oder die durch Propheten vermittelten Gottesworte (vgl. Am 3,7), es geht im besonderen um die Kundgabe von Verborgenem. Das betrifft nicht bloß zukünftiges Geschehen, sondern ebenso die Ereignisse der Geschichte der Welt, sofern diese in ihrer wahren Bedeutung aufgedeckt werden; darüber hinaus geht es um Geheimnisse der himmlischen Wirklichkeit, die mitgeteilt werden.

1.2.2 Von der Johannesoffenbarung her ergab sich eine Anwendung des so verstandenen Begriffs auf frühjüdische Traditionen, wo es seit dem 2. Jh. v. Chr. bereits ähnliche Vorstellungen gab. Zudem zeigte sich, wie allein schon ein Vergleich mit dem Danielbuch ergibt, daß die Johannesoffenbarung hiervon abhängig ist. In der Forschung ist früher häufig gefragt worden, ob es bei dem Begriff „Apokalyptik" nur um eine Bezeichnung von Offenbarungsschrif-

1 Was ist Apokalyptik?

ten geht, die mit der Johannesoffenbarung oder dem Danielbuch verwandt sind, im Sinn der Kennzeichnung einer literarischen Gattung, oder ob man den Begriff im weiteren Sinn fassen soll im Blick auf eine bestimmte Denk- und Darstellungsweise. Letzteres hat sich inzwischen durchgesetzt: Es geht bei der Apokalyptik nicht nur um ein literarisches Phänomen, sondern um ganz bestimmte Modelle bzw. Strukturen zur Erfassung der Wirklichkeit und des Offenbarungsgeschehens. Das bedeutet, daß es apokalyptische Traditionen auch in jüdischen und christlichen Schriften gibt, die als solche keine Offenbarungsschriften sind. Dies hat dann auch die Übertragung auf außerjüdische und außerchristliche Denkweisen ermöglicht.

1.3 Vergleicht man die apokalyptischen Schriften und Traditionen, so lassen sich bestimmte Elemente erkennen, die für die Apokalyptik insgesamt kennzeichnend sind. In einer vorläufigen Übersicht sollen die wichtigsten formalen, inhaltlichen und theologischen Elemente der frühjüdischen und urchristlichen Apokalyptik zusammengestellt werden.

1.3.1 Zu den formalen Elementen gehören zunächst die Visionen und Auditionen, die es zwar auch schon in der prophetischen Literatur des Alten Testaments gibt, die aber in der Apokalyptik sehr viel häufiger vorkommen und eine wesentlich zentralere Stellung haben. Typisch ist auch das Auftreten eines *angelus interpres* oder das Motiv einer Himmelsreise. Auffällig ist schließlich die Pseudonymität der frühjüdischen apokalyptischen Schriften (Daniel, Henoch, Mose, Elia, Esra etc.), wovon jedoch die Johannesoffenbarung eine Ausnahme macht.

1.3.2 Zu den wichtigsten inhaltlichen Motiven gehört neben der Erschließung von Geheimnissen, die mit Gottes Wirken und der irdischen Geschichte zusammenhängen, der dualistische Grundansatz; zu dem alttestamentlichen Gegenüber von Gott und Welt kommt die Polarität von Gott und widergöttlichen Mächten und unter dieser Voraussetzung das Verständnis von Heil und Unheil. Charakteristisch ist ferner der Versuch, das Weltgeschehen insgesamt zu erfassen und in Perioden zu ordnen, meist angefangen von der Weltschöpfung bis zum Weltende. Dabei wird hier stärker vom Ende als vom Anfang der Geschichte her gedacht, ohne daß es dabei nur um Zukunftsverheißung ginge. Der Dualismus und die aufs Weltende ausgerichtete Schau stehen in Zusammenhang mit einer Heilsauffassung, die konsequent jenseitig ist. Heil gibt es nicht (mehr) in dieser Welt, sondern erst in der Neuschöpfung Gottes. Eine besondere Rolle spielen dabei das zukünftige Weltgericht, die Auferweckung der Toten und die dann in Erscheinung tretende Heilswirklichkeit.

1.3.3 Wie die inhaltlichen Motive bereits erkennen lassen, handelt es sich um ein Denken, das sich in der Spätzeit des Alten Testaments langsam durchgesetzt hat und im Frühjudentum seine volle Ausprägung erhielt, wie vor allem das Danielbuch zeigt. Es besitzt eine klare theologische Intention. Entscheidend ist in allen apokalyptischen Schriften die Theozentrik. Nichts geschieht in der Welt, das nicht im Plan Gottes vorgesehen ist. Das gilt auch im Blick auf die Verstrickung der Menschen in das weltweite Unheil, und es betrifft vor allem das Verständnis des Heils, das transzendenten Charakter hat und sich erst in der Zukunft erfüllen wird. Was in der Jetztzeit Glaube und Hoffnung begründet, ist allein die Offenbarung der Heilsgeheimnisse. Das schafft Vertrauen auf den göttlichen Heilsplan und die kommende göttliche Heilsverwirklichung und gibt die innere Kraft, durchzuhalten bis zum Ende. Gegenüber dieser frühjüdischen Konzeption ist die urchristliche Apokalyptik darin modifiziert, als es trotz aller erfahrbaren und noch bevorstehenden Katastrophen bereits einen Heilsanbruch in der Gegenwart gibt, die Zukunft daher nicht im Sinn der Heilsverwirklichung, sondern der Heilsvollendung verstanden wird.

2 Die geschichtliche Stellung der frühjüdisch-urchristlichen Apokalyptik

2.1 Es kann keine Frage sein, daß die frühjüdische Apokalyptik eine spezielle Form und Weiterführung der alttestamentlichen Prophetie ist. Sie ist eine Spätform der Prophetie Israels, wobei man jedoch beachten muß, daß die traditionelle Prophetie neben der Apokalyptik bis in die nachchristliche Zeit weitergeht. Was Prophetie und Apokalyptik unterscheidet, ist vor allem das Verständnis des endzeitlichen Heils.

2.1.1 Für die prophetische Tradition geht es um eine innerweltliche Verwirklichung von Gottes Gericht und Heil, wobei die Heilserwartung bisweilen mit der Vorstellung von einer Wiederkehr des Paradieses verbunden ist (Jes 11,1–10). Diese innerweltliche Heilserwartung zeigt sich insbesondere in der Messianologie: Der kommende Messias als Davidssohn soll das Reich Davids wiedererrichten (Jes 8,23–9,6; Mi 5,1–5; Am 9,11–15). Das gilt auch für Qumran, nur daß hier gleichzeitig ein messianischer Hoherpriester und ein messianischer König erwartet wird, die einen endzeitlichen Tempelstaat errichten und repräsentieren werden.

2.1.2 Für die Apokalyptik ist Heil dagegen grundsätzlich jenseitig und steht in Zusammenhang mit dem Erscheinen eines neuen Himmels und einer neuen Erde (erstmals in Tritojesaja 65,17–25). Natürlich gibt es zwischen Prophetie und Apokalyptik fließende Übergänge, aber prinzipiell lassen sie sich gerade am Heilsverständnis gut unterscheiden, während die Theozentrik oder die Vorstellung einer Heils- bzw. Unheilsgeschichte hier wie dort eine wichtige Rolle spielen.

2.2 Bisweilen ist die Frage aufgeworfen worden, ob man angesichts der so deutlichen Unterschiede die Apokalyptik wirklich von der Prophetie herleiten könne oder ob sie nicht eher im Zusammenhang mit der alttestamentlich-frühjüdischen Weisheitstradition stehe *(von Rad)*. Nun wird man nicht bestreiten können, daß die Apokalyptik in hohem Maße auch weisheitliche Vorstellungen und Überlieferungen integriert hat. Aber die Gesamtkonzeption ist nicht weisheitlich, sondern prophetisch. Weisheit denkt grundsätzlich protologisch, also von der Schöpfung her, Apokalyptik dagegen eschatologisch, d.h. sie sieht alles irdische Geschehen im Zusammenhang mit der Zukunft. Das verbindet sie mit der Prophetie, auch wenn diese nicht durchweg auf eine endgültige Zukunft ausgerichtet war, jedoch die Gegenwart stets mit kommenden Ereignissen in Verbindung gebracht hat. Der prophetische Grundcharakter der Apokalyptik ist insofern nicht zu bestreiten.

2.3 Viel erörtert wurde die religionsgeschichtliche Frage, inwieweit die Apokalyptik durch Fremdeinflüsse bestimmt, ja gegebenenfalls sogar konstituiert worden sei. Es ist unbestreitbar, daß in der frühjüdischen Apokalyptik Fremdeinflüsse erkennbar werden. Das gilt vor allem für das ausgeprägt dualistische Denken der Apokalyptik, das seinen Ursprung im alten Persien hat. Auch astronomisch-astrologische Anschauungen aus Mesopotamien sind vorhanden. Ebenso lassen sich wie schon in der alttestamentlichen Weisheit kosmologische Vorstellungen der Ägypter erkennen. Was die frühjüdische Apokalyptik aber auszeichnet, ist die Eingliederung dieser Elemente in den jüdischen Gottesglauben. Die übernommenen Motive und Vorstellungen sind konsequent integriert worden.

2.4 Im Neuen Testament spielt die Apokalyptik ebenfalls eine wichtige Rolle. Das gilt nicht nur für das Vorhandensein der Johannesoffenbarung im Kanon, sondern betrifft die vielfältigen apokalyptischen Elemente in der urchristlichen Überlieferung. Johannes der Täufer und Jesus stehen in apokalyptischer Tradition, und dasselbe ist mehr oder weniger stark für alle neutestamentlichen Schriften festzustellen. Gleichwohl ist es seit Jesu Auftreten und Verkündigung zu einer tiefgreifenden Transformation gekommen: Endgültiges Heil gibt es nicht erst in einer noch fernen oder schon nahen Zukunft, sondern es bricht bereits in der Gegenwart und mitten in der noch bestehenden Welt an. Damit ist die Grundkonzeption der frühjüdischen Apokalyptik grundlegend verändert worden.

3 Überblick über die apokalyptische Literatur

3.1 In Spätschriften des Alten Testaments und im Frühjudentum können wir zunächst Vorformen der Apokalyptik, dann eine charakteristische Grundgestalt und darüber hinaus verschieden ausgeprägte apokalyptische Überlieferungen unterscheiden.

3.1.1 Zu den Vorformen gehören die visionären Elemente des Ezechielbuches. Dann lassen sich in dem Jesajabuch, das ja Traditionen vom 8. Jh. v. Chr. bis zum 3. Jh. v. Chr. enthält (Grundbestand von den Propheten Jesaja und Deuterojesaja und eine damit verbundene lange Schultradition), mehrere Teile erkennen, die zur Apokalyptik hinführen: das ist einmal die modifizierende Weiterführung der Botschaft Deuterojesajas (Jes 40–55) in den verschiedenen Schichten des sogenannten Tritojesaja (Jes 56–66); hinzu kommen die beiden späten Einschübe in Protojesaja, nämlich Jes 34f und die sogenannte Jesaja-Apokalypse Kap. 24–27. Ferner trägt der zweite Teil des Sacharjabuches (Sach 9–14) einen Charakter, der dem apokalyptischen Denken nahekommt, und dasselbe gilt für die beiden Schlußkapitel des Joelbuches (Joel 3–4).

3.1.2 Ihre Grundgestalt hat die apokalyptische Prophetie im Danielbuch erhalten. Es ist aber keine einheitliche Schrift, sie setzt sich vielmehr aus mehreren Teilen zusammen. Abgesehen von den Daniellegenden in den Kapiteln 1 und 3–6 enthält diese Schrift mehrere apokalyptische Entwürfe in den Kapiteln 2, 7, 8, 9 und 10–12.

3.1.3 Hinzu kommen die verschiedenen frühjüdischen Schriften mit ausgesprochen apokalyptischer Prägung, angefangen von der Assumptio Mosis über die in mehreren Textfassungen vorliegende Henochüberlieferung bis hin zu dem 4. Esrabuch und den beiden Fassungen der Baruchapokalypse (zu unterscheiden von dem apokryphen Baruchbuch). Dazu kommen einige kleinere Schriften.

3.2 Die urchristliche Apokalyptik steht in engem Zusammenhang mit der frühjüdischen, zeigt aber eine veränderte Ausprägung. Neben den apokalyptischen Voraussetzungen bei Johannes dem Täufer und Jesus und den apokalyptischen Elementen bei Paulus sind vor allem die Texte zu berücksichtigen, die am deutlichsten das apokalyptische Erbe aufgenommen haben: die sogenannte synoptische Apokalypse Mk 13 parr; der 2. Thessalonicherbrief und die Johannesoffenbarung.

§ 2 Zur Forschungsgeschichte und Gegenwartsdiskussion

1 Die Entdeckung apokalyptischer Schriften

1.1 Exegese alttestamentlicher und neutestamentlicher Schriften hat es seit der Frühzeit der Alten Kirche gegeben. Dazu gehörten auch das Danielbuch, das inzwischen den prophetischen Schriften zugeordnet war (so die Septuaginta und die Vulgata, im jüdischen Kanon gehört es zu den sogenannten („Schriften"), und die Johannesoffenbarung. Aber diese Texte blieben relativ isoliert, da man kein weiteres Vergleichsmaterial zur Verfügung hatte. Zwar war das 4. Esrabuch bekannt, weil es teilweise in Vulgata-Handschriften neben den anderen Esrabüchern aufgenommen worden war. Auch kannte man das Martyrium des Jesaja, das in einem zweiten Teil von einer „Himmelfahrt" des Propheten berichtet. Schließlich stand das rätselhafte Buch der Sibyllinen zur Verfügung mit seinen teils jüdischen, teils christlichen Teilen. Aber man konnte diese Schriften schlecht einordnen.

1.2 Eine neue Situation ergab sich, als 1773 Teile des äthiopischen Henochbuches und bald danach die ganze Schrift entdeckt wurden. 1861 folgte die „Himmelfahrt des Mose", 1866 die syrische Baruch-Apokalypse. Wenig später wurde das slavische Henochbuch bekannt. 1885 trat die Apokalypse Eliae ans Tageslicht, 1897/99 die Apokalypse Abrahams und 1887/1910 schließlich die Petrusoffenbarung. Damit stellte sich die Frage nach Eigenart und sachlichem Zusammenhang dieser Texte neu. Seit der Mitte des 19. Jahrhunderts gibt es daher eine eigene Apokalyptikforschung.

1.3 Unmittelbar nach dem Zweiten Weltkrieg kamen im 20. Jh. dann noch zwei weitere Textfunde hinzu, die teilweise auch für die Apokalyptikforschung Bedeutung hatten: Die Qumrantexte und die Funde von Nag Hammadi. In Qumran wurden aramäische Fragmente des Henochbuches entdeckt; dazu kamen mehrere apokalyptisch beeinflußte Qumranfragmente (die Qumranschriften selbst gehören nicht zur Apokalyptik). Für die frühchristliche Apokalyptik waren die Nag-Hammadi-Funde aufschlußreich, vor allem die Adams-Apokalypse, die beiden Jakobus-Apokalypsen und eine Paulus-Apokalypse.

2 Der Beginn der Erforschung der Apokalyptik

2.1 Der erste Exeget, der das Phänomen der Apokalyptik erkannte und begrifflich erfaßte, war *Karl Immanuel Nitzsch* (1787–1868). Auf ihn geht die Verwendung des Begriffs „Apokalyptik" in dem uns geläufigen Sinn zurück. Er hat sich dazu aber nur kurz geäußert. Entscheidende Bedeutung gewann die erste umfassende Untersuchung der jüdischen und der christlichen Apokalyptik durch *Friedrich Lücke* (1791–1855) in seinem Werk „Versuch einer vollständigen Einleitung in die Offenbarung Johannis und in die gesammte apokalyptische Litteratur" (1832; ²1852 in zwei Bänden mit leicht verändertem Titel). Mit dieser Darstellung war eine Grundlage geschaffen, auf der die gesamte weitere Forschung aufbauen konnte. Der Verfasser hat im ersten Band nicht nur eine ausführliche Begriffsuntersuchung vorgelegt, sondern auch eine aufschlußreiche Charakteristik der Apokalyptik sowie eine detaillierte Geschichte der apokalyptischen Literatur abgefaßt; der zweite Band ist dann den Problemen der Johannesoffenbarung gewidmet. Unter den Forschern des 19. Jh. sind noch *Eduard Reuss* (1804–91) und vor allem *Adolf Hilgenfeld* (1823–1907) zu erwähnen, deren Beschäftigung mit der Thematik der Apokalyptik eine besondere Bedeutung hat.

2.2 Hatte *Lücke* die Apokalyptik als innerisraelitische Weiterentwicklung älterer Traditionen verstanden, so hat *Hilgenfeld* erstmals betont auf Fremdeinflüsse, vor allem aus dem persischen Bereich, hingewiesen. Im wesentlichen war aber die Apokalyptikforschung des 19. Jh. gekennzeichnet durch zeitgeschichtliche und literarkritische Untersuchungen des Phänomens. Demgegenüber hat *Hermann Gunkel* (1862–1932) in seiner 1895 (²1921) erschienenen Monographie „Schöpfung und Chaos in Urzeit und Endzeit" eine konsequente traditions- und religionsgeschichtliche Analyse der apokalyptischen Schriften gefordert. Er vertrat die Auffassung, daß die frühjüdische Apokalyptik ohne Fremdeinflüsse nicht zu verstehen sei; zugleich wies er nach, daß der übernommene Stoff einer neuen Gesamtkonzeption eingefügt, allerdings nur teilweise adaptiert worden ist, weswegen sich die Texte auch nicht zeitgeschichtlich interpretieren lassen. *Julius Wellhausen* (1844–1918) hat dem insofern widersprochen, als er sagte, es sei nur wichtig festzustellen, daß ein bestimmter Stoff vorliege, selbst wenn er nicht völlig integriert sei; woher dieser Stoff ursprünglich komme, sei jedoch methodisch gleichgültig. *Gunkels* methodisches Prinzip hat sich durchgesetzt: Die Apokalyptik ist in ihrer Eigenart gegenüber der alttestamentlichen Prophetie nur richtig zu verstehen, wenn man neben den eigenen Traditionen mit religiösen Fremdeinflüssen in der Perserzeit und der Zeit der Diadochenherrscher rechnet. In diesem Sinne wurde die frühjüdische Apokalyptik von *Wilhelm Bousset* (1865–1920) in seinem vielbeachteten Buch „Die Religion des Judentums im späthellenistischen Zeitalter" beschrieben; es war 1903 erstmals erschienen und wurde 1926 von *Hugo Gressmann* (1877–1927) in Neuauflage herausgegeben. Eine wichtige Ergänzung dazu war die Monographie von *Paul Volz* (1871–1941), „Die Eschatologie der jüdischen Gemeinde im neutestamentlichen Zeitalter", die 1934 veröffentlicht worden ist.

3 Die Apokalyptikforschung im 20. Jahrhundert

Eine neue Phase der Apokalyptikforschung setzte in der Zeit nach dem Zweiten Weltkrieg ein. Einerseits ging die religionsgeschichtliche Diskussion weiter, andererseits kam es zu stärker theologischen Fragestellungen.

3.1 Im Blick auf die religionsgeschichtlichen Fragen war in der Zeit zwischen den beiden Weltkriegen vor allem durch *Richard Reitzenstein* und *Hans Jonas* die Erforschung der Gnosis in Gang gekommen, und zwar als einer weitverbreiteten vorchristlichen Erscheinung (nicht nur im

3 Die Apokalyptikforschung im 20. Jahrhundert

Sinn einer nachchristlichen Irrlehre). Im Anschluß daran wurde 1973 von *Walter Schmithals* die These vertreten, daß auch die Apokalyptik trotz eigenständiger Ausprägung im Judentum mit der Gnosis aufgrund gemeinsamer religionsgeschichtlicher Wurzeln (Parsismus) in Verbindung stehe, was sich im Urteil über die Welt und im menschlichen Daseinsverständnis zeige. Doch sind die Differenzen wesentlich gravierender. Um die religionsgeschichtliche Diskussion ein wenig zu kanalisieren, wurde 1979 in Uppsala ein *Apokalyptik-Kongreß* durchgeführt (in Analogie zum Gnosis-Kongreß, der 1966 in Messina stattgefunden hatte). Gegenüber der bisher im Vordergrund stehenden Frage nach Abhängigkeiten wurde hier für ein stärker religionsphänomenologisches Vorgehen plädiert, bei dem es zunächst einmal um Vergleiche geht. Gegenüber einer allzu präzisen Definition des Begriffs Apokalyptik, entschied man sich für die These des Ägyptologen *Jan Assmann:* „contra definitionem pro descriptione". Die Frage nach Fremdeinflüssen und Abhängigkeiten ist allerdings bei der frühjüdischen Apokalyptik nicht zu umgehen. Diese werden jetzt aber anders bewertet, sofern mit einer stärkeren Vermittlung durch die kanaanäische Umwelt gerechnet wird; so bereits 1971 in einem Aufsatz von *Paul D. Hanson*, Alttestamentliche Apokalyptik in neuer Sicht (bei Koch/Schmidt, S. 440–470). Wichtig für die religionsgeschichtliche Fragestellung sind auch die neueren Arbeiten von *Helge S. Kvanvig*, Roots of Apocalyptik, 1988, und *Matthias Albani*, Astronomie und Schöpfungsglaube, 1994.

3.2 Stärker theologisch orientiert war einerseits die bereits erwähnte These von *Gerhard von Rad* im zweiten Band seiner „Theologie des Alten Testaments" (in erster Auflage 1960 erschienen), wonach die Apokalyptik innerisraelitisch nicht mit der Prophetie, sondern mit der Weisheit zusammenhänge, was er allerdings in späteren Auflagen modifiziert und eingeschränkt hat. Andererseits hatte *Ernst Käsemann* 1962 in einem Aufsatz „Zum Thema der urchristlichen Apokalyptik" die Frage aufgeworfen, ob man statt der verbreiteten Auffassung vom Anschluß Jesu und der Urgemeinde an die Prophetie nicht die Apokalyptik voraussetzen und sie geradezu als „Mutter aller christlichen Theologie" bezeichnen müsse. Dabei ging es ihm zugleich um die Frage, ob ein einseitig individualistisches Heilsverständnis nicht gerade durch die apokalyptischen Voraussetzungen korrigiert werden könne (in Auseinandersetzung mit *Rudolf Bultmann*, der sofort Einspruch erhob). *Klaus Koch* hat dann 1970 in seinem Buch „Ratlos vor der Apokalyptik" vor allem diese beiden Probleme aufgegriffen; auf der einen Seite hat er sich dagegen gewehrt, daß ein tiefer Graben zwischen Prophetie und Apokalyptik gezogen werde, und hat auf der anderen Seite jeden Versuch, „Jesus vor der Apokalyptik zu retten", als unsachgemäß bezeichnet. Schließlich hat *Karlheinz Müller* in seinen „Studien zur frühjüdischen Apokalyptik" von 1991 die ganze Methodenproblematik eingehend erörtert und an ausgewählten Beispielen verdeutlicht.

3.3   Blickt man auf den Ertrag der Forschung von anderthalb Jahrhunderten zurück, so wird man feststellen müssen, daß zu den frühjüdischen und urchristlichen apokalyptischen Texten viel wichtiges Vergleichsmaterial gesammelt worden ist. Aus diesem geht zunächst einmal hervor, daß apokalyptische oder apokalyptisch-ähnliche Denkstrukturen in der Antike weit verbreitet waren, daß also die frühjüdische und urchristliche Apokalyptik kein singuläres Phänomen ist. Sehr viel komplizierter und umstrittener ist die Frage, wieweit mit direkten oder mit indirekten Einflüssen zu rechnen ist; hier ist in jedem Fall ein behutsameres Vorgehen üblich geworden. Schließlich kann keinesfalls übersehen werden, daß die frühjüdische Apokalyptik einen durchaus eigenständigen Charakter besitzt und daß sie im Urchristentum eine nicht unerhebliche Transformation erlebt hat.

II Frühjüdische Apokalyptik

§ 3 Vorformen der Apokalyptik im Alten Testament

1 Ezechiel und Deuterojesaja

1.1 Was bei Ezechiel auffällt, ist die verstärkte Aufnahme mythologischer Motive. Es handelt sich dabei vor allem um Vorstellungen, die aus der kanaanäischen Umwelt aufgegriffen sind. Sie begegnen besonders dicht in der Berufungsvision und in Gerichtsschilderungen.

1.1.1 In der Berufungsvision 1,1–3,27 werden nicht nur kultische Motive wie in Jes 6 aufgenommen, sondern diese sind mit eigenartigen Vorstellungen der himmlischen Welt verbunden. So taucht hier ein himmlischer Thronwagen auf, ferner spielen vier himmlische Wesen eine Rolle, und durch einen Engel wird dem Propheten ein Buch gereicht, das er essen muß.

1.1.2 Auffällig sind sodann die Gerichtsschilderungen in Kap. 7, Kap. 15 und vor allem die Gog und Magog-Darstellung in Kap. 38f. Dabei geht es um die Auffassung einer endgültigen Überwindung aller Feinde Israels, was sich von der sonstigen prophetischen Gerichtsankündigung deutlich unterscheidet. Hinzu kommen die mythischen Motive in Kap. 38f.

1.1.3 Was bei Ezechiel besondere Erwähnung verdient, ist die erst in der Apokalyptik wiederkehrende Vorstellung von der Auferweckung der Toten aus den Gräbern in Kap. 37. Sie ist hier zwar im übertragenen Sinn verwendet im Blick auf die Erneuerung und Wiederbelebung Israels, ist aber zumindest virulent vorhanden.

1.1.4 Ezechiel steht der eigentlichen Apokalyptik aber noch fern, als er insgesamt mit einer irdischen Restitution des Gottesvolkes und einer Erneuerung der staatlichen und kultischen Ordnung Israels rechnet, wie aus Kap. 40–48 hervorgeht.

1.2 Wie Ezechiel ist Deuterojesaja (Jes 40–55) Prophet der Exilszeit. Während Ezechiel vorwiegend Gerichtsprediger ist, ist Deuterojesaja Heilsbote. Seine prophetische Verkündigung ist durch drei neue Motive gekennzeichnet:

1.2.1 Er kündigt die kurz bevorstehende „Erlösung" und Befreiung Israels aus dem Exil an, wie besonders deutlich aus Jes 40,9–11 oder 52,7–9 hervorgeht. Er ist insofern Repräsentant einer Naherwartung, wie das unter anderen Voraussetzungen erst wieder bei Daniel oder bei Johannes dem Täufer der Fall ist. Außerdem sieht er in dem Perserkönig Kyros ein Werkzeug des Gottes Israels, weswegen er ihn in 45,1–3 geradezu als den kommenden „Messias" bezeichnen kann.

1.2.2 Entscheidend ist für ihn nicht die Erwählungstradition, sondern der Schöpfungsgedanke. Von Gottes Schöpfermacht her wird alles verstanden, nicht zuletzt das Erlösungshandeln an Israel, wie z. B. aus Jes 40,12–31 deutlich hervorgeht.

1.2.3 Durch das erlösende und erneuernde Handeln Gottes verliert alles Frühere an Bedeutung. So heißt es in Jes 43,18.19a: „Gedenket nicht mehr des Früheren, und des Vergangenen achtet nicht, siehe, nun schaffe ich Neues". So tritt hier erstmals der Gedanke der Neuschöpfung hervor, auch wenn dieser noch nicht im Sinn einer insgesamt zu erneuernden Schöpfung verstanden wird wie in der späteren Apokalyptik, sondern im Sinn eines neuen schöpferischen und erwählenden Handelns an Israel.

1.2.4 Deuterojesaja steht mit seiner Verkündigung ebenso wie Ezechiel noch ganz in der prophetischen Tradition. Es tauchen bei ihm jedoch Motive auf, die in der späteren Apokalyptik eine bedeutende Rolle gewinnen.

2 Tritojesaja, Deuterosacharja und Joel 3–4

2.1 Tritojesaja, die Kapitel Jes 56–66, stellt im Unterschied zu Deuterojesaja keine Einheit dar. Während Ezechiel und Deuterojesaja in die Mitte des 6. Jh. v. Chr. gehören, sind die ältesten Teile des Tritojesaja wohl gegen Ende des 6. Jh. entstanden, entweder gleichzeitig mit oder kurz nach dem Wirken der Propheten Sacharja und Haggai. Bei Jesaja hatte sich schon frühzeitig eine Schultradition entwickelt, in die auch Deuterojesaja und seine Nachfahren hineingehören. Sie hat sich, wie die spätesten Teile des Jesajabuches zeigen, fortgesetzt bis an die Wende vom 3. zum 2. Jh. v. Chr.

2.1.1 Die frühesten Stücke der tritojesajanischen Sammlung, wozu vor allem Jes 60–62 gehören, wenden sich an die aus dem Exil zurückgekehrte Gemeinde, für die die Heilsankündigungen Deuterojesajas nur teilweise in Erfüllung gegangen sind. Wegen der höchst deprimierenden Situation im Lande wird die Botschaft des Exilspropheten wieder aufgegriffen und auf eine erst noch bevorstehende Verwirklichung der Verheißungen bezogen.

2.1.2 Andere Teile des Tritojesaja sind im 5. und 4. Jh., evtl. sogar erst im 3. Jh. entstanden, aber es zeichnet sich gleichwohl eine relativ gemeinsame Tendenz ab. So wird die deuterojesajanische Naherwartung in eine Fernerwartung transponiert. An die Stelle der Erwartung für das Volk Israel tritt eine Erwartung für die Gerechten Israels, wobei allerdings mit dem Hinzukommen von Fremden gerechnet wird (56,3–7; 66,18–24). Eine besondere Rolle spielt ein definitives Strafgericht (63,1–6; 66,15–17). Am wichtigsten ist hier, daß Heil nicht mehr im Diesseits erwartet wird, vielmehr als künftige Totalerneuerung; ein neuer Himmel und eine neue Erde sollen vom Himmel her erscheinen (63,15–64,11; vgl. 65,17.18a.25 als Rahmen zu 65,18b–24).

2.2 Die späteren Teile des Sacharjabuches in Kap. 9–14 sind ein schwer zu analysierender Überlieferungskomplex. Noch sehr viel weniger als Tritojesaja stellt Sach 9–14 eine Einheit dar. Untereinander relativ verwandt sind die Traditionen in Kap. 9–11, dann in Kap. 12f und in Kap. 14. Man wird davon ausgehen können, daß diese Blöcke sukzessiv im 5., 4. und 3. Jh. v. Chr. entstanden sind.

2.2.1 In den Abschnitten von Sach 9–11 sind Teile enthalten, die noch ganz in prophetischer Tradition stehen, jedoch ansatzweise einen Übergang zu apokalyptischem Denken erkennen lassen.

2.2.2 Am deutlichsten haben sich apokalyptische Tendenzen in Sach 14 durchgesetzt. Bezeichnend ist wieder die Sicht der Völker; es geht nicht um einzelne Völker, die Israel bedrohen, sondern um die ganze feindliche Völkerwelt. Sie ist von Gott aufgeboten, gegen Jerusalem zu ziehen und dieses zu bedrohen, wird dann aber in einem gewaltigen Kampf vernichtet (14,1–5.12–15). Jerusalem selbst wird nicht nur gerettet, sondern die Stadt erhebt sich zu einer geradezu mythischen Größe (14,6–11). Die Übriggebliebenen aus den Völkern werden daraufhin nach Jerusalem hinaufziehen, um dort das Laubhüttenfest mitzufeiern.

2.3 Joel 3–4 unterscheiden sich deutlich von Joel 1–2. Die einzelnen Teile des Joelbuches sind schwer zu datieren. Kap. 1–2 gehören vermutlich ins 4. Jh., Joel 3–4 stammen wohl aus dem 3. Jh.

2.3.1 Schon in den Überlieferungsstücken von Joel 1–2 sind in den Gerichtsaussagen einige Elemente zu erkennen, die über die bisherige prophetische Tradition hinausführen, insbesondere im Blick auf die geradezu universale Weite des angekündigten Gerichtsgeschehens (vgl. 2,1–11). Sie stellen insofern einen Anknüpfungspunkt für die beiden Schlußkapitel dar.

2.3.2 Was die beiden Kapitel Joel 3–4 als Vorstufe der Apokalyptik auszeichnet, sind folgende Züge: Die Ausgießung des Heiligen Geistes 3,1–5 ist mit kosmischen Ereignissen und mit dem Endgericht verbunden. Das anschließende Gericht im Tal Josaphat 4,1–3 ist ein Strafgericht über alle Völker. Wie in Sach 14 werden in Joel 4,9–13 die Völker zum Kampf geradezu aufgerufen, um dann aber vernichtet zu werden (vgl. die Motive der Sichel und der Ernte). Dieses Gericht ist nach 4,15.16a auch mit kosmischen Veränderungen verbunden. Für Israel wird, wie in dem Schlußabschnitt 4,16b–20(21) ausgeführt ist, eine Zuflucht auf einer erneuerten Erde geschaffen.

3 Die jüngsten Teile des Jesajabuches (Jes 34–35; Jes 24–27)

3.1 Die beiden Kapitel Jes 34–35, die kaum vor dem Ende des 3. Jh. v. Chr. entstanden sein können, handeln vom Endgericht und der Errettung Israels. Apokalyptische Züge treten hier schon sehr deutlich hervor, weswegen man von der „kleinen Jesaja-Apokalypse" gesprochen hat (im Unterschied zu Kap. 24–27). In Jes 34 sind übrigens die apokalyptischen Züge noch sehr viel deutlicher ausgeprägt als in Jes 35, doch ist auch dort die apokalyptische Gesamttendenz unverkennbar.

3.1.1 In Jes 34 wird eine ursprünglich wohl nur auf Edom bezogene Gerichtsankündigung (vgl. V. 5b) im Sinn eines Strafgerichts über alle Völker verstanden (V. 1f). Das Strafgericht ist durch kosmische Begleitumstände gekennzeichnet (V. 4b.5a.9f). Es wird auch nicht von einer Erneuerung der Erde, sondern von einem Umbruch der ganzen kosmischen Ordnung gesprochen, was ein Zentralmotiv der späteren Apokalyptik ist. Beachtenswert ist noch, daß die Gerichtsankündigung hier in Zusammenhang mit einer Schriftauslegung steht (V. 16; vgl. Dan 9).

3.1.2 Jes 35 ist ein Trostwort für die Verzagten in Israel (V. 3.4a). Ihnen wird die Rache Gottes an den Feinden und die Heimkehr nach Israel verheißen. Das sieht wie ein verlorenes Stück aus der Prophetie Deuterojesajas aus, ist es aber nicht; es liegt vielmehr eine bewußte Nachahmung vor, und die Motive werden im übertragenen Sinn verstanden als endgültige Heimkehr aller Israeliten in eine auch äußerlich, bis in die Natur hinein verwandelte Heilswirklichkeit.

3.2 Die „Jesaja-Apokalypse" in Jes 24–27 ist keine nahtlose Einheit, sondern enthält mehrere Schichten. Die verarbeiteten Traditionen gehören wohl wie Jes 34f noch ins 3. Jh., die Endgestalt stammt aber vermutlich aus dem frühen 2. Jh. v. Chr., ist also noch vor der Makkabäerzeit entstanden.

3.2.1 Was diesen Komplex kennzeichnet, ist die Verbindung von Zukunftsverheißungen mit Hymnen und Klageliedern. In Jes 24 wird die Schilderung des mit der Verwüstung der Erde verbundenen Gerichts V. 1–12.17–23 unterbrochen von einem Lobpreis und einer Klage in V. 13–16a.16b. Die Heilsverheißung in Jes 25,6–10a wird eingeleitet mit einem Lobpreis Gottes in V. 1–5 (V. 10b–12 handelt von der Vernichtung Moabs). In Jes 26,1–6 steht ebenfalls ein Hymnus am Anfang; dann folgt in V. 7–21 ein größerer Abschnitt, der sich auf die Gemeinde in der Not der Endzeit bezieht und sie zu Geduld und gerechtem Handeln aufruft. Jes 27,1 verheißt die Überwindung des Leviathan als der Macht des Bösen; es folgt in V. 2–5 ein neues, in Analogie zu Jes 5 gestaltetes Weinberglied (vgl. V. 6–11); abgeschlossen wird dieser apokalyptische Text mit Verheißungen für Israel und die Zerstreuten Israels in V. 12 f.

3.2.2 Charakteristisch für die sich ausbildende Apokalyptik sind folgende Züge: Einmal der universale Charakter des Gottesgerichts, wobei mit dem Gericht kosmische Veränderungen verbunden sind (vgl. 24,1–12.17–23; 27,1; demgegenüber ist der Bezug auf Moab in 25,10b–12 ein erratischer Block). Hinzu kommt, daß die Gegenwart als eine dem Ende vorangehende Zeit der Drangsal angesehen wird, in der es kein Heil gibt; es gilt, auszuharren und die Hoffnung auf das künftige Eingreifen Gottes nicht aufzugeben (vgl. bes. 26,7–21). Weiter ist kennzeichnend, daß sich die Heilserwartung auf die Gerechten in Israel und die Heimkehr der Zerstreuten bezieht, womit sich gleichwohl die Erwartung eines Heils auch für Gerechte unter den Völkern verbindet; der Universalität des Gerichts entspricht die Universalität des Heils. Erstmals begegnen sodann die Erwartung der Auferweckung der Toten (25,8; 26,19) und die Vorstellung von der endzeitlichen Tischgemeinschaft (25,6). Als Einzelmotiv ist noch das Erschallen einer großen Posaune (eines Widderhorns) vom Himmel her zu erwähnen (27,13; anders noch Joel 2,15). Sowohl hinsichtlich der Zukunftsorientierung als auch im Blick auf die Gerichts- und Heilserwartung geht es hier um einen bereits weitgehend apokalyptisch geprägten Text.

4 Sonstige alttestamentliche Traditionen

4.1 Einzelne mythologische Elemente, die für die Apokalyptik wichtig wurden, begegnen noch in anderen alttestamentlichen Texten. Das gilt für Aussagen über das Gericht Gottes über die Völker in Ps 46,4; 74,13f; 89,10 und 82,1–8, ferner über Behemoth und Leviathan in Hiob 40. Dazu kommen kosmologische Elemente der weisheitlichen Tradition.

4.2 Die Ausbildung apokalyptischen Denkens hat sich innerhalb der prophetischen Tradition vollzogen. Dort sind dann auch Vorstellungen und Motive aus anderen Bereichen aufgenommen worden, während in den übrigen Teilen der alttestamentlichen Überlieferung apokalyptische Elemente nur vereinzelt auftauchen.

5 Rückblick auf die Anfänge der Apokalyptik

5.1 In den Spätschriften des Alten Testaments, soweit diese in vorchristlicher Zeit schon offiziell anerkannt waren (Tora, vordere und hintere Propheten, Psalmen) vollzieht sich ein langsamer Übergang von der traditionellen Gestalt der Prophetie zur apokalyptisch geprägten Prophetie, wobei es fortan nebeneinander eine traditionelle und eine apokalyptische Prophetie gibt.

5.2 Kennzeichnend für die sich ausbildende Apokalyptik ist die Auffassung einer zukünftigen endgültigen Erneuerung, eines neuen Himmels und einer neuen Erde, was erstmals in Tritojesaja ausgesprochen wird (63,15–64,11). Verbunden mit dieser Heilserwartung ist die Vorstellung eines definitiven Strafgerichts (63,1–6; 66,18–24).

5.3 Diese Sicht verstärkt sich bei Deuterosacharja, sofern es dort um ein Gericht nicht mehr über einzelne Völker, sondern um das Gericht über die gesamte feindliche Völkerwelt geht. Daß dieses Gericht mit der Ausschüttung des Heiligen Geistes und mit kosmischen Veränderungen verbunden ist, wird im zweiten Teil des Joelbuches zum Ausdruck gebracht.

5.4 In den jüngsten Teilen des Jesajabuches, Kap. 34–35 und Kap. 24–27, geht es um einen Umbruch der gesamten kosmischen Ordnung, verbunden mit der Vorstellung einer dem Ende vorangehenden Zeit der Drangsal, in der es keinerlei Heil gibt. Die Heilserwartung bezieht sich nun auch nicht mehr auf Israel insgesamt, sondern auf die Gerechten in Israel, wozu Gerechte aus anderen Völkern hinzukommen. Besonders wichtig sind die Motive der Auferweckung der Toten und der endzeitlichen Tischgemeinschaft.

5.5 Diese Entwicklung, die den Übergang von der traditionellen Prophetie zur Apokalyptik kennzeichnet, hat sich schrittweise in der Zeit vom ausgehenden 6. Jh. v. Chr. bis zum frühen 2. Jh. v. Chr. vollzogen, also in der Zeit nach der Rückkehr aus dem Exil und den damit verbundenen

Enttäuschungen bis in die unmittelbar vormakkabäische Zeit. Was bei dieser Entwicklung noch fehlt, ist die umfassende Schau der Geschichte, die für die voll ausgebildete Apokalyptik zentrale Bedeutung besitzt. Sie begegnet erstmals im Danielbuch.

§ 4 Das Buch Daniel

1 Zur Gestalt des Danielbuches

1.1 Inhaltsübersicht

1.1.1 Das biblische Buch Daniel enthält in seinem ersten Teil Kap. 1–6 Erzählungen, in dem zweiten Teil Kap. 7–12 Visionen. Allerdings begegnet auch in Kap. 2 innerhalb einer Erzählung bereits eine Traumvision. Der erste Teil besteht aus locker zusammengefügten Erzählungsabschnitten, bei den Visionen des zweiten Teils handelt es sich um vier selbständige, aneinandergereihte Komplexe: Kap. 7; Kap. 8; Kap. 9 und Kap. 10–12.

1.1.2 Alle Einzelabschnitte enthalten eine geschichtliche Einordnung. Die Erzählungen Kap. 1–4 spielen zur Zeit Nebukadnezars (Nebukadnezar II. 604–562 v. Chr.), der Jerusalem zerstört und einen Teil der Bevölkerung nach Babylon verschleppt hat. Die Kapitel 5, 7 und 8 setzen die Zeit Belsazars voraus, des Sohnes des letzten babylonischen Königs Nabonid (555–539 v. Chr.), der seinen Vater im Regierungsamt vielfach vertrat, aber nicht, wie hier vorausgesetzt, selbst König war. Die Kapitel 6 und 9 sind der Zeit des Darius (I.) zugeordnet, der im Danielbuch fälschlicherweise als Vorgänger des Kyros angesehen wird (vgl. 6,29); er war aber dessen zweiter Nachfolger (522–486 v. Chr.). Die Kapitel 10–12 gehören in die Zeit des Perserkönigs Kyros (559–529 v. Chr.).

1.1.3 Zusammengehalten werden alle Teile durch die Gestalt Daniels. Es wird berichtet, daß er sehr jung nach Babylon kam, dort zusammen mit drei anderen jugendlichen Juden Page am Hof Nebukadnezars wurde; wegen seiner Weisheit erlangte er eine hohe Stellung, wurde aber wegen seiner streng jüdischen Lebensweise auch verfolgt. Vorausgesetzt ist die Zeit zwischen 586 bis ca. 530 v. Chr. Das ist natürlich eine Fiktion. In seiner Endfassung ist das Danielbuch in der Mitte des 2. Jh. v. Chr. entstanden. Das schließt allerdings nicht aus, daß ältere Traditionen dabei verwen-

det wurden, insbesondere in den erzählenden Abschnitten.
1.1.4 Im einzelnen handelt es sich um folgende Teilstücke, die im Danielbuch zusammengefaßt sind:
– Kap. 1: Daniel fällt als jüdischer Page am Hof Nebukadnezars durch seine Weisheit auf.
– Kap. 2: Daniel vermag einen Traum Nebukadnezars zu deuten (erste Traumvision Daniels), woraufhin Nebukadnezar sich bekehrt;
– Kap. 3,1–30 Schadrach (Hananja), Meschach (Misael) und Abed-Nego (Asarja) verweigern die Verehrung eines Standbilds Nebukadnezars, werden daher in einen Feuerofen geworfen, aber wunderbar errettet;
– Kap. 3,31–4,34: Daniel deutet einen weiteren Traum Nebukadnezars; erneute Bekehrung des Königs;
– Kap. 5: Das Gastmahl des Belsazar;
– Kap. 6: Daniel wird wegen der Übertretung eines Gebots des Darius in eine Löwengrube geworfen, daraus jedoch wunderbar befreit;
– Kap. 7: Die Traumvision Daniels von den 4 Weltreichen und der Gottesherrschaft (einschließlich der Erscheinung des Menschensohns);
– Kap. 8: Die Vision von Widder und Ziegenbock;
– Kap. 9: Daniel erhält durch einen Engel die Deutung einer Weissagung des Jeremia;
– Kap. 10–12: Durch die Erscheinung eines Engels erhält Daniel eine Vorhersage des Ablaufs der Geschichte bis zu ihrem Ende.

1.2 Die Textfassungen

1.2.1 Die Inhaltsangabe entspricht dem Text der Jüdischen Bibel. Die dort vorliegende Fassung ist sprachlich nicht einheitlich. Während Dan 1,1–2,4a und Kap. 8–12 in hebräischer Sprache abgefaßt sind, sind Dan 2,4b–7,28 aramäisch geschrieben.
1.2.1.1 Dabei ist eindeutig, daß nicht die hebräischen Teile die älteren, die in der aramäischen Umgangssprache abgefaßten die jüngeren Teile sind, sondern umgekehrt sind hier die hebräischen Abschnitte jünger und stammen aus einer Zeit, als man das Hebräische gegenüber dem Aramäi-

1 Zur Gestalt des Danielbuches

schen wieder durchsetzen wollte (seit der Makkabäerzeit, vgl. die Qumrantexte).

1.2.1.2 Für die Vorgeschichte des Buches bedeutet das, daß Kap. 7 bereits mit den vorangegangenen Erzählungen verknüpft war, bevor die drei Visionen in Kap. 8–12 angehängt wurden. Bei 1,1–2,4a wird man davon ausgehen müssen, daß es sich um eine hebräische Überarbeitung handelt, die aus unbekannten Gründen nicht fortgesetzt wurde; denn Kap. 2 beginnt hebräisch, wird dann aber übergangslos aramäisch weitergeführt. Dieses Nebeneinander war möglich, da es sich im Danielbuch um ein spätes, aramaisierendes Hebräisch handelt.

1.2.2 Der griechische Text des Danielbuches weicht von dieser zweifellos älteren Fassung erheblich ab und ist wesentlich länger. Offen ist die Frage, ob es unter Umständen bereits einen erweiterten hebräisch-aramäischen Text gab, der Vorlage für die griechische Fassung gewesen sein könnte. Viel wahrscheinlicher ist aber die Entstehung der Zusätze im Bereich der hellenistischen Diaspora. Während die Lutherbibel der hebräischen Fassung folgt und zusätzliche Teile in den Apokryphen des Alten Testaments berücksichtigt, folgen die Vulgata und die Einheitsübersetzung der griechischen Textfassung.

1.2.2.1 Im griechischen Text gibt es drei größere Zusätze:
– Dan 3,(24f)26–45: Ein Gebet des Asarja (Abed-Nego);
– Dan 3,46–51.52–90: Überleitung und der Gesang der drei Männer im Feuerofen;
– Dan 13–14: Die Erzählungen von Susanna und von Bel und dem Drachen.

Vor allem die Erzählung von der fälschlich angeklagten und von Daniel geretteten Susanna ist wirkungsgeschichtlich sehr wichtig geworden.

1.2.2.2 Vom griechischen Text besitzen wir nun wiederum zwei Fassungen. Der ursprüngliche Septuaginta-Text ist durch die Übersetzung des Theodotion verdrängt worden, aber in einigen Handschriften erhalten geblieben. Während in der Fassung der Septuaginta die hebräischen und aramäischen Abschnitte recht frei übersetzt sind, lehnt sich der später allein anerkannte Theodotion-Text sehr viel enger an die semitische Vorlage an.

1.3 Formgeschichtliche Beobachtungen

1.3.1 Die Erzählungen in Kap. 1–6 haben den Charakter von „Legenden". Es geht vor allem um eine Schilderung der Weisheit und der Frömmigkeit Daniels und seiner Gefährten. Das wird exemplarisch dargestellt, sowohl im Blick auf die empfangene Anerkennung als auch die erlittenen Verfolgungen. Die Gestalt eines Daniel wird in Ez 28,3 und neben Noach und Hiob in Ez 14,14.20 erwähnt. Die Geschichte Daniels in heidnischer Umgebung erinnert im übrigen an die Josefsgeschichte Gen 37–50; in beiden Fällen spielen Weisheit und Frömmigkeit eine besondere Rolle.

1.3.2 In Kap. 2 und im zweiten Teil des Danielbuches Kap. 7–12 liegen „Visionen" vor. Dabei geht es in Kap. 2 und 7 um Traumvisionen und deren Deutung. In den Kap. 8–12 steht jeweils die Erscheinung eines Engels im Vordergrund, der eine visionäre Schau (Kap. 8) oder einen biblischen Text deutet (Kap. 9) oder seinerseits geschichtliche Ereignisse vorhersagt (Kap. 10–12).

1.3.3 Während die Erzählungen einen weisheitlichen Einfluß zeigen, sind die Visionen davon unabhängig. Sie setzen die prophetische Überlieferung voraus, bei der es bereits zu einem Übergang zu apokalyptischem Denken gekommen war.

2 Die Visionen des Danielbuches

2.1 Die Vision von der Statue und ihrer Zerstörung Dan 2

Während die Daniellegenden in Kap. 1.3–6 auf eine ältere Tradition weisheitlichen Charakters zurückgehen, zeigt die Deutung des Traumes Nebukadnezars durch Daniel in Kap. 2 erstmals ein typisch apokalyptisches Gepräge.

2.1.1 Nebukadnezar hat einen beunruhigenden Traum. Die chaldäischen Gelehrten sollen ihm berichten, was er geträumt hat und den Traum zugleich deuten; da sie es nicht vermögen, will er sie umbringen lassen (V. 1–12). Daniel erfährt in einem Nachtgesicht, was der König geträumt hat, läßt sich bei ihm vorführen und verkündet ihm den „Gott im Himmel, der Geheimnisse enthüllt" (V. 13–30). Er berichtet ihm dann, was er geträumt hat (V. 31–35) und deutet diesen Traum (V. 36–45). Daraufhin erkennt Nebukadnezar den wahren Gott an und setzt Daniel zusammen mit seinen Gefährten in hohe Ämter ein (V. 46–49).

2.1.2 Im Traum ist das in der Antike verbreitete Modell der vier Weltreiche aufgegriffen, und zwar im Bild einer aus unterschiedlichen Materialien zusammengesetzten Statue. Diese Statue besteht aus Gold, Silber, Bronze und Eisen, wobei das Eisen teilweise mit Ton vermischt ist. Entscheidend für die jüdisch-apokalyptische Rezeption dieser Tradition ist, daß das Bild mit dem Motiv eines Steines verbunden worden ist, der „ohne Zutun von Menschenhand" die Statue zerstört und die ganze Erde erfüllt (V. 34f).

2.1.3 Die Deutung geht davon aus, daß Nebukadnezar dem goldenen Haupt der Statue entspricht, daß aber sein Reich nach ihm an Macht und Glanz verlieren und schließlich zugrunde gehen wird. Die vier Weltreiche werden bezogen auf das babylonische, das medische, das persische und das hellenistische Reich Alexanders des Großen, das in die Staaten der Seleukiden und Ptolemäer zerfallen ist (nur diese beiden Diadochenreiche werden berücksichtigt). Der Zerfall ist auch durch Heiraten nicht aufzuhalten (V. 43). Unaufhaltsam wird ihr Ende kommen, und dann wird der „Gott des Himmels" ein Reich erstehen lassen, das ewig und unzerstörbar ist (V. 44). Aller irdischen Herrschaft steht die endzeitliche Gottesherrschaft gegenüber, die unabhängig von allem menschlichen Tun die Weltreiche ablösen wird. Die erfahrene Geschichte seit dem babylonischen Reich wird im Blick auf die kommende Ablösung durch das Gottesreich dargestellt, wodurch ein charakteristisch apokalyptisches Geschichtsbild entsteht, das später im Sinn einer die gesamte Weltgeschichte umfassenden Geschichtsschau ausgebaut wird.

2.1.4 Der Text setzt den beginnenden Zerfall der Diadochenreiche der Ptolemäer und der Seleukiden voraus, aber nicht die Krisensituation unter Antiochos IV. Epiphanes, was bedeutet, daß diese Vision noch aus der Zeit vor seinem Herrschaftsantritt im Jahre 175 stammen muß, also aus vormakkabäischer Zeit.

2.2 Die Vision von den Tieren aus dem Abgrund und dem Menschensohn Dan 7

2.2.1 Diese Traumvision Daniels setzt ebenfalls die Tradition der vier Weltreiche voraus. Anders als in Kap. 2 werden die sich ablösenden weltlichen Reiche nicht durch verschiedene Metalle gekennzeichnet, sondern sind durch Tiere aus dem Abgrund, dem Chaosmeer, symbolisiert. Nach dem Löwen, dem Bären und dem Panther erscheint ein schreckenerregendes Tier mit zehn Hörnern und einem zusätzlichen kleineren Horn, das „Augen wie Menschenaugen" hat und ein „Maul, das redete große Dinge" (V. 1–8). Danach werden Throne aufgestellt, ein „Hochbetagter" kommt zum Gericht, die Tiere werden vernichtet, und dann erscheint „einer wie ein Menschensohn", dem ewige Macht verliehen wird (V. 9–14).

2.2.2 Durch einen Engel erhält Daniel die Deutung dieser Vision (V. 15–28). Diese Deutung ist dreiteilig: Zuerst wird kurz eine nicht näher bezeichnete Folge von vier Staaten dem endzeitlichen Reich gegenübergestellt, das die „Heiligen des Höchsten" empfangen werden (V. 17f). Dann folgt eine Deutung des vierten Tieres, dessen zusätzliches Horn „Krieg mit den Heiligen" führt und sie überwältigt, aber beim Gericht des „Hochbetagten" vernichtet wird (V. 19–22). Im Schlußabschnitt wird nochmals das vierte Tier beschrieben, danach ist wieder vom Gericht die Rede, bei dem dessen Macht zerstört wird, und abschließend heißt es: „Und das Reich und die Herrschaft und die Macht ... wird dem Volk der Heiligen des Höchsten gegeben werden; ihr Reich ist ein ewiges Reich, und alle Mächte müssen ihnen dienen und untertan sein" (V. 23–27).

2.2.3 Gegenüber Kap. 2 fallen drei Sachverhalte auf: Einmal erhalten die vier Weltreiche durch die Gleichsetzung mit Tieren einen geradezu dämonischen Charakter, was einem verstärkt dualistischen Denken entspricht; denn es geht nicht nur um das Gegenüber von menschlicher und göttlicher Macht, sondern um widergöttliche Erscheinungen, die durch Gott vernichtet werden. Sodann begegnet die Vorstellung vom himmlischen Thronsaal Gottes und erstmals die Vorstellung von einem forensischen Endgericht, bei dem „Bücher" aufgeschlagen werden und nach den Taten und Werken geurteilt wird (V. 10b.22.26). Schließlich ist vom „Menschensohn" die Rede, der als Träger der endzeitlichen Macht den Tieren gegenübergestellt ist und in der Deutung mit den „Heiligen des Höchsten" (V. 22) bzw. dem „Volk der Heiligen des Höchsten" (V. 27) gleichgesetzt wird. Die Gestalt des „Menschensohnes" ist hier also kollektiv verstanden. Erwähnt sei noch, daß erstmals eine Zeitangabe auftaucht, was auch in den folgenden Visionen eine wichtige Rolle spielt (V. 25b: „eine Zeit und eine {zweite} Zeit und eine halbe Zeit").

2.2.4 Dan 7 kann als eine relecture von Kap. 2 in einer sich verschärfenden Krisensituation verstanden werden. Unverkennbar ist, daß sich die Deutung der zehn Hörner des vierten Tieres auf die Seleukidenherrscher bezieht. Mit dem nachwachsenden kleinen Horn, das Krieg gegen die Heiligen führt, ist zweifellos Antiochos IV. Epiphanes bezeichnet. Dessen Hellenisierungsmaßnahmen sind vorausgesetzt, aber die Krise hat ihren Höhepunkt noch nicht erreicht; denn es ist zwar von Überwältigung und von einer Veränderung von Zeiten und Gesetzen die Rede (V. 25), jedoch nicht von der Ende 167 erfolgten Tempelschändung. Es geht also um jene Maßnahmen, die der König 168/7 getroffen hat, vor allem um den Erlaß des Dekrets, wonach der jüdische Kult und die jüdischen Lebensordnungen – Beschneidung, Reinheitsvorschriften etc. – aufgehoben werden sollten (vgl. 1Makk 1,20–53). Es handelt sich in Dan 7 also um einen Text, der den Ereignissen zwischen 167–164, der Tempelentweihung und der Wiedereinweihung des Tempels durch die Makkabäer, noch vorausgeht.

2.3 Die Vision von Widder und Ziegenbock Dan 8

2.3.1 Die Einleitung erwähnt, daß Daniel zur Zeit des Belsazar in einem Gesicht nach Susa an den Fluß Ulai versetzt worden ist (V. 1f). Dort schaut er zuerst einen Widder mit zwei Hörnern, vor dem kein anderes Tier bestehen konnte; dann aber erscheint aus dem Westen ein Ziegenbock mit einem mächtigen Horn, der den Widder besiegt. Als die Macht des Ziegenbocks am größten ist, bricht sein

Horn ab; zuerst wachsen vier andere Hörner hervor, dann noch ein kleines Horn, das sich bis zum Himmelsheer erhebt und dem Fürsten des Himmelsheers das tägliche Opfer entzieht, um stattdessen ein Frevelopfer darzubringen (V. 3-12). Danach hört Daniel das Gespräch zweier Engel, bei dem der eine fragt, wie lange dieses Gesicht gilt, und der andere die Antwort gibt: „Bis zu 2300 Abenden und Morgen; alsdann wird das Heiligtum wieder zu seinem Rechte kommen" (V. 13f). Im Anschluß daran wird Gabriel aufgefordert, das Gesicht zu erklären. In seiner Deutung wird von den Königen von Medien und Persien, dann vom König von Jawan (= Griechenland, gemeint ist Alexander der Große), seinen Nachfolgern und speziell den Seleukiden gesprochen; schließlich folgt ein eindeutiger Hinweis auf Antiochus IV. (V. 15-25a). Danach aber heißt es wieder, daß dieser „ohne Zutun von Menschenhand" zerschmettert werde und daß die Aussage über die Abende und Morgen Gültigkeit besitze (V. 25b.26). Eine Schlußnotiz erwähnt, daß Daniel bestürzt über das Gesicht war und es nicht verstand (V. 27).

2.3.2 Was diese Vision auszeichnet, ist das Gespräch zweier Engel und das Erscheinen des Engels Gabriel, der die Vision deutet. Die vorausgesetzte geschichtliche Situation ist schon im Gesicht selbst gut zu erkennen und wird in der Erklärung Gabriels weiter ausgedeutet. Was über die vorangegangene Vision von Widder und Ziegenbock hinausführt, ist die Zeitangabe und die abschließende Verheißung Gabriels, daß nach der festgesetzten Zeit „ohne Zutun von Menschenhand" von Gott Rettung geschaffen wird; der Rückbezug auf Dan 2,34 ist dabei deutlich zu erkennen.

2.3.3 Im Unterschied zu der Traumvision in Dan 7 wird hier nicht nur von der Veränderung der Zeiten und Gesetze durch den seleukidischen König gesprochen (7,25a), sondern von der Entweihung des Tempels: Das tägliche Opfer ist aufgehoben, stattdessen wird ein Frevelopfer vollzogen (8,13). War hinsichtlich der Dauer in Dan 7 änigmatisch von zwei Zeiten und einer halben Zeit die Rede, so wird dies nun in Dan 8 im Sinn der bestimmten Zeitangabe von 1150 Tagen (2300 Abende und Morgen) konkretisiert (8,14). Insofern erweist sich die Vision in Dan 8 als jünger gegenüber Dan 7. Sie dürfte vermutlich an der Wende von 167/166 v. Chr. entstanden sein, nachdem der „Frevel der Verwüstung" (פשע שמם, 8,13), die Jupiterstatue über dem Brandopferaltar, errichtet war. Damit verbunden ist nun aber auch die klare Verheißung, daß nach dreieinhalb Jahren die Bedrängnis zu Ende sein wird. Die Zeit ist *de facto* etwas kürzer gewesen, woran sichtbar wird, daß die Angabe nicht *ex eventu* formuliert worden ist.

2.4 Die Vision von den siebzig Jahrwochen Dan 9

2.4.1 Daniel grübelt nach über die Zahl der siebzig Jahre, von denen bei Jeremia in 25,11f; 29,10 die Rede ist (Dan 9,1f). Unter Fasten und mit einem langen Gebet wendet er sich an Gott (9,3–19), woraufhin ihm wieder der Engel Gabriel erscheint (9,20–23). Gabriel deutet die 70 Jahre im Sinn von 70 Jahrwochen (9,24–27): 7 Jahrwochen dauerte das Exil; 62 Jahrwochen dauerte die Zeit zwischen der Rückkehr, bei der ein „Gesalbter" eingesetzt wurde (der Hohepriester Josua, vgl. Sach 3), bis zu der Zeit, wo „ein Gesalbter ohne Gerichtsverfahren ausgerottet wird", was sich auf die Absetzung und Ermordung des Hohenpriesters Onias III. bezieht (9,25.26a); 1 Jahrwoche wird die der Endzeit vorangehende Drangsal dauern, bevor die „ewige Gerechtigkeit" verwirklicht und „ein Hochheiliges gesalbt" wird (9,24). In der Zeit der Drangsal werden die Opfer im Tempel aufhören, stattdessen wird ein „Greuel der Verwüstung" aufgerichtet, bis sich dann das Strafgericht über die Verwüstung ergießt (9,26b.27).
2.4.2 In dieser Vision geht es um eine Schriftinterpretation. Die Vorhersage Jeremias, die ursprünglich auf die Zeit des Exils bezogen war, wird hier auf die Zeit vom Exil bis zum Ende der Welt angewandt. Dabei spielt die letzte Jahrwoche mit ihrer Drangsal eine entscheidende Rolle. Was diesen Text besonders kennzeichnet, ist die Rede von dem „Greuel der Verwüstung" als Bezeichnung für die über dem Brandopferaltar aufgerichtete Jupitersäule (שקוץ משמם = βδέλυγμα τῆς ἐρημώσεως, 9,27b; vgl. 8,13b). Sie wird wiederaufgenommen in Dan 11,31; 12,11 und später in Mk 13,14 par.

2.4.3　Auch die Vision in Kap. 9 gehört in die Zeit zwischen 167–164 v. Chr. Die Schändung des Tempels ist bereits erfolgt, von der Wiedereinweihung ist nicht die Rede. Stattdessen wird das endzeitliche Strafgericht erwartet. Während in 8,14 damit gerechnet wird, daß das Heiligtum „wieder zu seinem Recht kommt", geht es hier um das unmittelbar bevorstehende Ende der Welt. In beiden Fällen setzt sich erneut eine ausgesprochene Naherwartung durch, die seit Tritojesaja verlorengegangen war.

2.4.4　In Dan 7,25b war in symbolischer Art von zwei Zeiten und einer halben Zeit die Rede, in 8,14 ging es um 2300 Abende und Morgen, hier in 9,24–27 handelt es sich nun um die letzte von 70 Jahrwochen. Derartige Zahlen haben nur sehr eingeschränkt etwas mit „Berechnungen" zu tun. Sie stimmen auch nicht ohne weiteres mit den realen Ereignissen überein; so würden sich die 62 Jahrwochen = 434 Jahre von 538 bis 104 v. Chr. statt bis 167 v. Chr. erstrecken. Es geht um runde Zahlen, die den geschichtlichen Standort umschreiben, und zwar in dem Sinn, daß sich die Geschichte der Welt in ihrer letzten Phase befindet. Sie sind Ausdruck der Gewißheit, daß das Ende und damit das Heil bevorsteht.

2.4.5　Zu beachten ist noch, daß in Dan 9 der Gedanke eine wichtige Rolle spielt, daß Israel das Gesetz übertreten und gesündigt hat, deshalb auch Unheil erfährt (9,11–14). Gleichwohl vertraut Daniel in seinem Bußgebet auf die Barmherzigkeit Gottes, durch die Rettung gewährt wird (9,15–19). Aber die Schuld muß gesühnt werden, nur so kann die ewige Gerechtigkeit heraufgeführt werden (9,24).

2.5　Die Schlußvision Dan 10–12

Sie hat dieselbe Intention wie Kap. 8, holt aber sehr viel weiter aus. Auch hier erscheint ein Engel – „ein Mann", offensichtlich wieder Gabriel –, der die irdische Geschichte deutet und Rettung und Heil verkündet. Mehrere Besonderheiten charakterisieren diesen Text:

2.5.1　Beachtenswert ist, daß die irdischen geschichtlichen Ereignisse ihre Korrespondenz im Himmel haben. Jedes Volk hat seinen Engel im Himmel, die deswegen auch miteinander kämpfen. Gabriel, der Schutzengel Israels, erhält dabei Hilfe von Michael, einem der obersten Engel (vgl. 3.2.1).

2.5.2 Die irdischen Ereignisse seit dem Perserreich und Alexander dem Großen bis zu Antiochos IV. werden in Kap. 11 detailliert beschrieben, u.a. auch das Vorgehen Heliodors, des Steuervogtes Seleukos IV. (187–175), das in 2Makk 3 geschildert ist, sowie die verschiedenen Handlungen Antiochos IV. gegenüber Israel bis zur Tempelschändung. In diesen Zusammenhang gehört auch die in Dan 11,33f erwähnte „kleine Hilfe", was sich nur auf den bereits in Gang befindlichen Makkabäeraufstand beziehen kann (vgl. 4.2.2).

2.5.3 In Dan 11,36–39 begegnet eine Schilderung Antiochos IV., die ihn geradezu als Antimessias darstellt (im Sinn einer Darstellung des Antichristen ist der Abschnitt später immer wieder interpretiert worden). In Dan 11,40–45 liegt eine Weissagung über das Ende Antiochos IV. (175–164) vor, die sich so geschichtlich nicht bewahrheitet hat, was besagt, daß diese Vision noch vor seinem Todesjahr 164, also nur wenig später als die vorangehenden, abgefaßt worden ist.

2.5.4 Höhepunkt und Abschluß der Vision ist Dan 12,1–4: Der Engelfürst Michael greift ein, „der die Söhne deines Volkes beschützt", und so wird nach der Bedrängnis, „wie noch keine gewesen ist", die Rettung folgen: das Endgericht, die Auferweckung der Toten und das ewige Heil (12,5–13 sind Nachträge).

3 Spezielle Probleme

3.1 Die Gestalt des Menschensohnes

In Dan 7,13f taucht zum ersten Mal die himmlische Gestalt eines „Menschensohnes" auf, dem die endzeitliche Macht übergeben wird. Dabei stellt sich die Frage nach den Voraussetzungen dieser Bezeichnung.

3.1.1 Bei der Bezeichnung „Menschensohn" geht es zunächst um ein philologisches Problem. Sprachlich gilt, daß die Wiedergabe mit „Menschensohn" erst dort sinnvoll ist, wo der doppelte Artikel ὁ υἱὸς τοῦ ἀνθρώπου, „der Sohn des Menschen", bzw. eine analoge Wortgestalt begegnet. Ohne diese beiden Artikel ist die Übersetzung mit „Menschensohn" nur bedingt zutreffend. Im Semitischen bezeichnet בן־אדם bzw. בר־נשא/בר־אנש nichts anderes als den Einzelmenschen, da אדם und אנוש Gattungsbegriffe sind. Diese Wortverbindungen sind daher wiederzugeben mit „der (einzelne) Mensch" bzw. „ein (einzelner) Mensch". So z. B. in der häufigen Anrede des Ezechiel, was in Dan 8,17 gegenüber Daniel ebenfalls aufgegriffen ist. Auch bei der vergleichenden Redewendung כבר־אנש in Dan 7,13 bzw. bei ὡς υἱὸς ἀνθρώπου in der Septuaginta und bei Theodotion oder bei ὅμοιος υἱὸς ἀνθρώπου in Offb 1,13 ist von der Übersetzung „wie ein Mensch" auszugehen.

3.1.2 In Dan 7,13f ist von einem „Menschen" vergleichsweise und in Gegenüberstellung zu den Tieren gesprochen. Die Wortverbindung wird also bildhaft verwendet. Legt sich bereits durch das Gegenüber zu den Tieren aus dem Abgrund eine kollektive Deutung nahe, so wird dies in der anschließenden Deutung der Vision in 7,17–27 ausdrücklich bestätigt. Der „Menschensohn" wird kollektiv auf das „Volk der Heiligen des Höchsten" gedeutet (V. 22.27).

3.1.3 Die metaphorische Verwendung in Dan 7,13f verweist nun ihrerseits zugleich auf eine inhaltlich geprägte Vorstellung. Das geht schon daraus hervor, daß der „Mensch"/„Menschensohn" dem „Hochbetagten" (ebenfalls ein Bildmotiv!) zugeordnet ist, daß also eine konkrete himmlische Gestalt vorausgesetzt wird. Es handelt sich daher an dieser Stelle, wie ja auch die Wortbildung zeigt, um eine Einzelgestalt, die aber zugleich eine repräsentative Funktion für ein Kollektiv hat. Das ist in biblischer Tradition nicht ungewöhnlich, wie etwa die Adam-Christus-Typologie in Röm 5,12–21 zeigt. Daß „Mensch"/„Menschensohn" in einem solchen Zusammenhang zunächst eine Einzelgestalt ist, geht auch aus der späteren apokalyptischen Tradition des Frühjudentums (Bilderreden des äthiopischen Henoch; 4Esra 13) sowie aus dem Neuen Testament hervor.

3.1.4 Fragt man, was diese himmlische Gestalt bedeutet, so legt sich die Vorstellung eines himmlischen Urmenschen nahe, die auch bei Philo in der Auslegung von Gen 1 und 2 begegnet. Dabei handelt es sich nicht um den erstgeschaffenen irdischen Menschen, sondern um dessen urbildliche Entsprechung im Himmel. Daß die irdische Wirklichkeit ihre Entsprechung im Himmel hat, taucht schon in Ex 25,40 auf, wo Mose das Urbild der Stiftshütte gezeigt bekommt. In der apokalyptischen Tradition spielt dieser Gedanke eine zentrale Rolle, sofern alles Irdische seine urbildliche und zugleich endzeitliche Entsprechung im Himmel hat.

3.2 Die Engelvorstellung

3.2.1 Die Engelvorstellung geht ursprünglich auf depotenzierte Göttergestalten zurück (vgl. Ps 82). Unter dieser Voraussetzung bilden sie den Hofstaat Gottes (Dan 7,10b) und seine dienstbaren Geister (Dan 7,16; Hebr 1,14). In der späteren Apokalyptik spielt die Vorstellung von einem Engelfall eine Rolle (im Anschluß an Gen 6,1–4). In den Danielvisionen begegnet der Engelfürst Michael (10,13. 21; 12,1) und der ihm zugeordnete Gottesbote Gabriel (8, 16; 9,21; vgl. Lk 1,19.26).

3.2.2 Was die Engelvorstellung mit der Gestalt des „Menschensohnes" verbindet, ist die in Dan 10,13–20 begegnende Auffassung von den Völkerengeln. Die in Dan 10,2–12 dem Kampf der Völkerengel vorangehende Erscheinung einer himmlischen Gestalt wird in der Regel auf Gabriel gedeutet; es ist aber zu fragen, ob es sich eventuell um die Vorstellung vom „Menschensohn" handelt, die ja in einer gewissen Nähe zur Engelvorstellung steht (vgl. Offb 1,9–20, bes. V. 12–16). Ausschlaggebend ist jedenfalls, daß es in der Apokalyptik himmlische Urbilder gibt, die mit der irdischen Wirklichkeit in Beziehung stehen und auf die Endzeit verweisen.

4 Die apokalyptische Prophetie des Danielbuches und ihr geschichtlicher Ort

4.1 Die Grundkonzeption apokalyptischen Denkens

4.1.1 Der eine Gott, den Israel bekennt, und die Welt stehen sich gegenüber. Das gilt zwar auch schon für die ältere israelitische Tradition, zumindest seit den Schöpfungserzählungen der frühen Königszeit, gewinnt aber jetzt eine zentrale Bedeutung. Der Schöpfungsgedanke spielt demgegenüber im Danielbuch nur implizit eine Rolle, und zwar in dem Sinn, daß alles weltliche Geschehen von Gott vorherbestimmt und gelenkt ist. Die Weltreiche sind ihrerseits Verkörperung des Bösen, der Gottlosigkeit und der Feindschaft gegen Gott, sind Ausdruck der Selbstbehauptung und des maßlosen menschlichen Machtanspruches. Dadurch gewinnt das Gegenüber von Gott und Welt einen ausgesprochen dualistischen Charakter.

4.1.2 Die Welt wird als Geschichte verstanden, was wieder der sonstigen alttestamentlichen Tradition entspricht. Das gilt auch für die Zukunftsorientierung. Aber die Zukunftserwartung spielt eine sehr viel größere Rolle, weswegen die Geschichte nicht vom Ursprung oder dem Erwählungsgeschehen, sondern von ihrem Ziel her verstanden wird. Der Erwählungsgedanke ist in der Weise aufgenommen, als sich an Israel bzw. den Frommen in Israel das Geschick der Welt entscheidet. Alles irdische Geschehen geht auf das Ende zu, auf Gericht und Heil.

4.1.3 Die Geschichte der Welt ist grundsätzlich eine Geschichte des Unheils. Es handelt sich nicht um eine Geschichte des Heils mit ihrem Auf und Nieder, wofür das deuteronomistische Geschichtswerk kennzeichnend ist. Das Böse setzt sich vielmehr immer stärker durch und steigert sich; unter Antiochos IV. und der Schändung des Jerusalemer Tempels hat es seine äußerste Zuspitzung erfahren. Nicht zufällig trägt dieser König in Dan 11,36–39 geradezu die Züge eines Antimessias. Dieser Geschichtsauffassung korrespondiert der Gedanke eines Endgerichts, das entweder als Vernichtung oder als forensischer Akt verstanden wird. Die durch das Böse gekennzeichnete Welt kann vor Gott keinen Bestand haben.

4.1.4 Mit der Welt als Geschichte des sich unablässig steigernden Unheils verbindet sich eine Heilserwartung, die konsequent jenseitig ist. In der Welt selbst gibt es kein Heil; für die Frommen gilt, im Leiden und bei aller Bedrängnis durchzuhalten bis zum Ende. Demgegenüber spielen die Totenauferweckung und die Erwartung einer Neuschöpfung eine entscheidende Rolle.

4.2 Zeit und Trägerkreis der Danielvisionen

4.2.1 Die apokalyptische Geschichtskonzeption wird einem Zeugen der Vergangenheit in den Mund gelegt. Im Danielbuch ist der fiktive Standort die Zeit während des Exils und unmittelbar danach. Es handelt sich deshalb weitgehend um *vaticinia ex eventu*, wie aus der Übereinstimmung mit faktischen Geschichtsereignissen hervorgeht. Erst im Blick auf die Zeit zwischen 167 und 164 geht es um eine echte Zukunftsweissagung. Der wahre Standort ist die Zeit der äußersten Krise in der Mitte des 2. Jh. v. Chr., die als Zeit unmittelbar vor dem Ende der Welt verstanden wird.

4.2.2 Über den Trägerkreis läßt sich aus Dan 11,33f ein Rückschluß ziehen. Hier ist von einer „kleinen Hilfe" die Rede, was sich aufgrund des Zusammenhangs nur auf den bereits in Gang befindlichen Makkabäeraufstand beziehen kann. Mit dieser Kennzeichnung wird die innere Distanz gegenüber den stark politisch orientierten Makkabäern sichtbar. Mag der Einsatz für den Tempel berechtigt sein, weiterreichende Ziele sind nicht anzustreben; denn die entscheidende Hilfe kann nicht von Menschen, sondern nur von Gott kommen. Das entspricht dem, was wir aus dem 1. Makkabäerbuch über die „Asidäer" (Chasidim) erfahren, jene Frommen, die sich angesichts der religiösen Bedrohung in die Wüste zurückgezogen und sich nur im Blick auf die Rückgewinnung und Wiedereinweihung des Tempels zeitweise mit den Makkabäern verbündet hatten (vgl. 1Makk 2,42–44; 7,13). Diese Asidäer sind eine Sammelbewegung gewesen, die sich später in unterschiedliche Gruppen aufgelöst hat. So hat sich ein Teil der Qumrangemeinschaft angeschlossen, ein anderer ist Grundstock der pharisäischen Bewegung geworden; vor allem sind die

Asidäer aber die Träger der apokalyptischen Prophetie gewesen.

5 Die Wirkungsgeschichte des Danielbuches

5.1 Das Danielbuch hat eine enorme Wirkungsgeschichte gehabt. Das gilt zunächst für die frühjüdische Zeit. Die gesamte weitere Apokalyptik ist von Daniel abhängig und führt die Konzeption der Danielvisionen weiter. Bis in die nachchristliche Zeit ist mit einer höchst lebendigen jüdisch-apokalyptischen Tradition zu rechnen, wie vor allem die Assumptio Mosis, die Henochbücher, das 4. Esrabuch und die Baruch-Apokalypsen zeigen. Auch wenn in der rabbinischen Tradition die Apokalyptik zurückgedrängt wurde, sind Einzelelemente wie die Erwartung der Totenauferweckung, des Jüngsten Gerichts und einer endzeitlichen Erneuerung durchaus übernommen worden.

5.2 Dasselbe gilt für das Urchristentum. So stark die Beeinflussung durch jüngere apokalyptische Traditionen ist, die prägende Kraft des Danielbuches wird besonders in der Johannesoffenbarung, aber auch in zahlreichen Zitaten aus dieser Schrift in anderen Teilen des Neuen Testaments deutlich.

5.3 Weit über die Anfangszeit hinaus ist im Christentum das Danielbuch als alttestamentliche Schrift durch die Jahrhunderte wirksam geblieben. Das zeigen nicht zuletzt zahlreiche Danielkommentare. Aufgrund seines Symbolcharakters besitzt es eine bleibende Aktualität. Das betrifft vor allem drei Aspekte: Einmal das konsequent gedachte Gegenüber von Gott und Welt; sodann die Vorstellung der Heillosigkeit der Welt infolge einer sich immer stärker ausbreitenden Gottlosigkeit und Gottfeindlichkeit samt des Verstricktseins der Menschen in die Macht des Bösen; schließlich die Erwartung einer allein von Gott gewirkten Totalerneuerung, an der die Glaubenden durch Leiden und Tod hindurch teilhaben werden. Die Apokalyptik ist Ausdruck einer Hoffnung des Glaubens, die über das Vorfindliche hinausgreift und am Vertrauen auf Gott festhält.

§ 5 Die Assumptio Mosis (Himmelfahrt Moses)

1 Die Textüberlieferung

1.1 Wir besitzen nur eine einzige lateinische Handschrift der Assumptio Mosis, die 1861 in der Bibliotheca Ambrosiana in Mailand entdeckt wurde. Es handelt sich um eine Tochterübersetzung, d. h. der lateinische Text geht auf eine griechische Vorlage zurück, die ihrerseits einen hebräischen oder aramäischen Urtext voraussetzt. Das erste ergibt sich aus dem Übersetzungsstil, das andere aus sprachlichen Eigentümlichkeiten sowie der konsequent palästinischen Perspektive, die zudem stärker auf den Bereich der östlichen als der westlichen Diaspora ausblickt.

1.2 Der Text ist fragmentarisch überliefert. Das betrifft allerdings weniger den apokalyptischen Mittelteil als die Rahmenerzählung. Es fehlen die Eingangszeilen und damit eine eindeutige Titelangabe. Außerdem bricht der Text in 12,13 unvermittelt ab.

1.3 Der lateinische Text wurde 1904 (Nachdruck 1924) von *Carl Clemen* in der Reihe „Kleine Texte für theologische Vorlesungen und Übungen" als Nr. 10 herausgegeben. Eine sehr gute Übersetzung von *Egon Brandenburger* mit ausführlicher Einleitung und zahlreichen Anmerkungen ist in „Jüdische Schriften aus hellenistisch-römischer Zeit" Bd. V, Lieferung 2, Gütersloh 1976, S. 57–84, erschienen.

2 Zur apokryphen Moseliteratur

2.1 Bereits in frühjüdischer Tradition hat man die an der Wende vom 5. zum 4. Jh. v. Chr. definitiv abgeschlossene Tora mit der Person des Mose als Autor in Verbindung gebracht, wie aus Texten bei Philo (De vita Mosis III § 291) und Josephus (Ant. IV § 326) hervorgeht. Das hat sich dann ebenso in christlicher Tradition weitgehend durchgesetzt (allerdings nicht in den Bibelausgaben der Septuaginta und der Vulgata). In nachneutestamentlicher Zeit wurden jüdischerseits auch die Anfänge der Halacha, der „mündlichen Tora vom Sinai", mit Mose in Beziehung gebracht (nicht durchgängig).

2.2 Aus der Literatur der Kirchenväter wissen wir, daß es zahlreiche βιβλία ἀπόκρυφα Μωϋσέως gegeben hat. Davon sind zwei erhalten geblieben: die in Qumran gefundenen „Worte des Mose" (1 QDM bzw. 1 Q 22) und unsere Schrift. Während es bei den „Worten des Mose" um Bund und Gesetz geht, handelt es sich bei der „Himmelfahrt des Mose" um einen primär apokalyptischen Text. Da Titel und Anfang fehlen, ist allerdings unklar, wie diese apokalyptische Schrift ursprünglich hieß. Die Kirchenväter erwähnen sowohl eine διαθήκη Μωϋσέως als auch eine ἀνάλημψις Μωϋσέως. Bei der διαθήκη Μωϋσέως kann es sich wie bei der Qumranschrift um den „Bund des Mose", also die Bundesordnung, handeln, es kann aber ebenso um das „Testament des Mose" gehen, was dem Inhalt der uns erhaltenen Schrift entspräche. Gleichwohl ist es wahrscheinlicher, daß diese Schrift mit der ἀνάλημψις Μωϋσέως (lateinisch Assumptio oder Ascensio Mosis), der „Aufnahme des Mose (in den Himmel)", zu identifizieren ist, da es in 10,12 heißt: a morte, receptione mea ..., „von meinem Tod, meiner Aufnahme (in den Himmel) an ..."; außerdem wird in 11,5 anläßlich des Todes gefragt: quis locus recipit te?, „Welcher Ort wird dich aufnehmen?". Es ist durchaus wahrscheinlich, daß der verlorene Schluß eine Schilderung der Aufnahme des Mose in den Himmel enthielt. Dies geschah in Analogie zu Henoch (Gen 5,21–24) und zu Elia (2 Kön 2). Bei der Verklärungsgeschichte in Mk 9,2–8 parr, bei der Mose und Elia erscheinen, wird jedenfalls die Aufnahme Moses in den Himmel vorausgesetzt.

2.3 Das Mosebild der Assumptio Mosis setzt charakteristische Elemente der alttestamentlichen Tradition voraus, verbindet dies aber mit einigen jüngeren Motiven.

2.3.1 Mose ist es, der die Israeliten aus Ägypten herausgeführt und der ihnen als „Mittler des Bundes" (1,14) ihre Lebensordnung gegeben hat. Zur biblischen Tradition gehört auch, daß Mose als Prophet angesehen wird, so in der bekannten Stelle Dtn 18,15(-18): „Einen Propheten wie mich wird dir der Herr, dein Gott, (je und je) erstehen lassen aus der Mitte deiner Brüder". Dieses Thema ist jetzt aber zum Zentralthema geworden: Mose ist der „göttliche Prophet" und der „vollkommene Lehrer" (11,16), und ist vor allem der Verkünder der Zukunft.

2.3.2 Noch weiter geht eine Aussage, in der er als der „große Engel (Gottesbote)" bezeichnet wird. So wird auch im Blick auf seine Grabstätte gesagt: „Die ganze Welt ist dein Grab" (11,8c). Und schließlich wird er als der himmlische Fürsprecher für die Frommen verstanden (12,6), wobei eben seine Aufnahme in den Himmel vorausgesetzt ist.

3 Aufbau und Inhalt der Schrift

3.1 Die Assumptio Mosis ist dreiteilig: Der erste und dritte Teil gehören als Rahmenhandlung zusammen, der Mittelteil enthält eine Weissagung des Mose. In der Rahmenhandlung Kap. 1 und 10,11–12,13 geht es um die Einsetzung des Josua zum Nachfolger des Mose, da dessen eigene Zeit vollendet ist und sein Tod bevorsteht. Die Einsetzung des Josua ist verbunden mit der Übergabe einer Schrift, die aufbewahrt werden soll „bis zum Tag der Buße bei der letzten Heimsuchung" (1,16–18; vgl. Dan 12,4). Das Gespräch zwischen Mose und Josua innerhalb der Rahmenhandlung bezieht sich auf die Bedenken Josuas hinsichtlich der Übernahme dieses Amtes. Mose ermutigt seinen Nachfolger, nicht zuletzt im Blick auf die Endereignisse, die der Inhalt der aufzubewahrenden Schrift sind (11,1–12,13).

3.2 Die Verheißung des Mose liegt in dem Mittelteil 2,1–10,10 vor. Sie ist ihrerseits zweiteilig und bezieht sich zunächst auf die geschichtlichen Ereignisse der folgenden Jahrhunderte, dann auf die Endzeit.

3.2.1 Im ersten Abschnitt geht es um die Geschichte von der Landnahme über das Exil und die Rückkehr aus Babylon bis zum Auftreten eines „frechen Königs" und seiner Söhne sowie um das Eingreifen des „mächtigen Königs des Abendlands" (Kap. 2–6). Es ist unverkennbar, daß hier die Situation nach dem Tod Herodes des Großen im Jahre

4 v. Chr., speziell des sogenannten Varus-Krieges vorausgesetzt ist. Betrifft die fiktive Situation die Zeit unmittelbar vor dem Tod des Mose, so die faktische Situation die Zeit an der Wende vom 1. vorchristlichen zum 1. nachchristlichen Jahrhundert. An die Stelle der Krisensituation unter Antiochos IV. Epiphanes ist die Krisenzeit unter der beginnenden unmittelbaren Römerherrschaft getreten, als das Reich des Vasalenkönigs Herodes aufgeteilt und Archelaos als Herrscher über Judäa und Samarien im Jahre 6 n. Chr. abgesetzt worden ist.

3.2.2 Mit Kap. 7 beginnt der Übergang zur Weissagung. Die irdische Zeit geht zu Ende, gottlose Menschen treten in großer Zahl auf. Alsdann wird ein „Machthaber von großer Gewalt" kommen (Kap. 8), der nach dem Bild des Syrerkönigs Antiochus IV. beschrieben ist (Antiochus redivivus, so wie später in Offb 13 Nero redivivus). Während jener noch herrscht, wird aber ein Mann aus dem Stamme Levi mit Namen „Taxo" auftreten (Kap. 9), und danach bricht die Herrschaft Gottes über die ganze erneuerte Schöpfung an (10,1–10).

4 Das apokalyptische Geschichtsbild der Assumptio Mosis

4.1 Der universale Grundgedanke tritt gleich zu Beginn des erhaltenen Textes hervor, wenn dort von der Erschaffung der Welt und wenig später von Gott als dem „Herrn der Welt" die Rede ist (1,11). Das ist verbunden mit dem Erwählungsgedanken: „Er hat die Welt um seines Volkes willen geschaffen, aber er hat nicht damit angefangen, es, den Erstling der Schöpfung, auch von Anfang der Welt an offenbar zu machen .... Deshalb hat er mich ausersehen und gefunden, der ich von Anfang der Welt bereitet worden bin, der Mittler jenes Bundes zu werden" (1,12–14). Entsprechend heißt es im Schlußteil: „Alle auf dem Erdkreis wohnenden Völker und uns hat Gott geschaffen; sie und uns hat er vorhergesehen vom Anfang der Schöpfung des Erdkreises bis zum Ende der Welt", und diese Aussage wird fortgeführt mit: „und nichts ist von ihm übersehen worden bis zum Kleinsten, sondern alles hat er vorhergesehen und vorherbestimmt mit ihnen" (12,4; vgl. V. 5). Insgesamt ergibt sich eine Orientierung der Geschichte der Welt an der Geschichte Israels; sowohl die Könige des Ostens als auch der mächtige König des Abendlandes haben ihre Funktion im Blick auf Israel.

4.2 Für die Geschichte Israels ist nun nicht wie vielfach sonst in alttestamentlich-jüdischer Tradition die Davidszeit und deren Bedeutung als Typus für eine künftige Heilszeit von Bedeutung; im Gegenteil, die Davidszeit fehlt ebenso wie jede auf einen Messias bezogene Heilserwartung. Es liegt vielmehr eine konsequent theozentrische Geschichtskonzeption und Endzeitvorstellung vor, wie besonders aus 10,1–10 hervorgeht.

4.3 Es handelt sich im übrigen nicht nur um das restliche Israel der beiden Stämme Juda und Benjamin, das aus dem Exil zurückgekehrt ist, vielmehr geht es um eine Hoffnung für ganz Israel und die Restitution aller zwölf Stämme. So wie die zehn Stämme sich losgerissen haben, so sind auch die „zwei heiligen Stämme" dem Ungehorsam verfallen; alle bedürfen sie des Erbarmens und der Rettung durch Gott. Zwar sind zunächst nur die beiden Südstämme aus dem Exil zurückgekehrt, aber von den angeblich verlorenen zehn Stämmen heißt es: „Sie werden wachsen und (sich mehren) unter den Heiden bis zur Zeit der (Heimsuchung)" (4,9, Text unsicher).

4.4 Im Weissagungsteil wird das Auftreten gottloser Menschen, die andere zum Abfall verleiten, als erstes Zeichen für die bevorstehende Endzeit verstanden (Kap. 7). Dazu kommt dann das Erscheinen jenes „Machthabers von großer Gewalt", der ähnlich wie Antiochos IV. in Dan 11, 36–39 geradezu widergöttliche Züge trägt (Kap. 8). Bevor aber die Gottesherrschaft anbricht, erscheint noch jene Gestalt aus dem Stamme Levi mit dem Namen „Taxo" (Kap. 9). Wer ist damit gemeint?

4.4.1 Der Name „Taxo" ist griechisch (wie die ursprüngliche hebräische oder aramäische Bezeichnung lautete, ist nicht eindeutig). Er ist abgeleitet von τάσσειν, „ordnen, anordnen, festsetzen". Im vorliegenden Text ist offensichtlich an eine ordnende Funktion gedacht. Das geht aus den Traditionen hervor, die im Hintergrund erkennbar sind. Ein Bezug liegt zunächst vor zu der Verheißung über Levi im

Mosesegen Dtn 33,8–11, in dem seine Aufgabe der Belehrung in Recht und Gesetz hervorgehoben wird, und wo es heißt: „Segne, Herr, sein Vermögen, und laß dir das Tun seiner Hände gefallen!". Dies erhält eine eschatologische Dimension durch die Verbindung mit der Verheißung in Mal 3,1, wonach Gott vor dem Tag seines Kommens einen „Boten (Engel)" vorausschickt, der ihm den Weg bereiten wird (in 3,23f sekundär auf Elia bezogen). Da „Taxo" sieben Söhne haben wird, ist schließlich noch eine Anspielung auf den frommen Eleasar und die sieben gesetzestreuen Märtyrer aus 2Makk 6 und 7 festzustellen.

4.4.2 „Taxo" ist also der vorherbestimmte Prophet, der Israel unmittelbar vor dem endzeitlichen Kommen Gottes zur Umkehr ruft. Entscheidend ist dabei die Mosetypologie (auch Elia wird im Alten Testament Mose typologisch zugeordnet). Wie Mose als Prophet am Anfang der Geschichte Israels steht, so Taxo am Ende. Er hat die Aufgabe, die abgefallenen bzw. ungehorsam gewordenen Stämme Israels zur Umkehr zu rufen und zum Heil zu führen. Der theozentrischen Gesamtkonzeption entspricht die Gestalt eines endzeitlichen Propheten, der den Weg zum Heil ebnet.

4.5 In Kap. 10 heißt es abschließend: „Und dann wird seine Herrschaft über die ganze Schöpfung erscheinen" (V. 1). Gott wird heraustreten aus seiner heiligen Wohnung (V. 3). Die Erde, das Himmelsgewölbe und das Meer werden verwandelt (V. 4–6). Die Heiden werden gestraft und mit ihren Götzenbildern vernichtet (V. 7). Für das gerettete Israel kommt aber das Heil: „Dann wirst du glücklich sein, Israel, ... Gott wird dich erhöhen, und er wird dir festen Sitz am Sternenhimmel verschaffen ..., und du wirst Dank sagen und dich zu deinem Schöpfer bekennen" (V. 8–10).

4.6 Wie in den Danielvisionen geht es auch in der Assumptio Mosis um eine Gesamtschau der Geschichte und deren Ausrichtung auf die Heilsverwirklichung durch Gott. Die Orientierung an Israel ist hier stärker hervorgehoben als im Danielbuch, so wenig sie dort fehlt. Was auffällt, ist die totale Ausblendung einer Heilshoffnung für Heiden.

§ 6 Die Henochüberlieferung

1 Textfassungen und Textüberlieferung

1.1 Die vorhandenen Textfassungen

1.1.1 Wir besitzen drei Henochbücher sowie mehrere Fragmente. Das äthiopische Henochbuch (I Hen) ist traditionsgeschichtlich das älteste; das slavische Henochbuch (II Hen) repräsentiert demgegenüber ein jüngeres Stadium; noch später entstanden ist das in hebräischer Sprache abgefaßte dritte Henochbuch (III Hen). Das dritte Henochbuch setzt den slavHen voraus, so wie der slavHen die Tradition des äthHen voraussetzt. Die vorhandenen Fragmente in griechischer und aramäischer Sprache sind nur für das äthiopische Henochbuch relevant.

1.1.2 Das äthiopische Henochbuch ist eine Tochterübersetzung, die eine griechische Fassung voraussetzt, die ihrerseits auf eine aramäische Urfassung zurückgeht. Das zeigen die vorhandenen Fragmente in griechischer und aramäischer Sprache. Das in zwei Fassungen überlieferte slavische Henochbuch ist die Übersetzung bzw. Bearbeitung eines ursprünglich griechischen Textes, der aber nicht mit der Vorlage des äthiopischen Henochbuches übereinstimmt, sondern eine selbständige Überlieferung darstellt. Nur bei dem hebräischen dritten Henoch handelt es sich um eine ursprüngliche Fassung.

1.2 Die Textüberlieferung

1.2.1 Handschriften des äthiopischen Henochbuches sind in großer Zahl vorhanden, weil diese Schrift in den Kanon der äthiopischen Kirche aufgenommen worden ist. Die ältesten erhaltenen Handschriften stammen aus dem 14. Jh.; Rezensionen wurden im 15. und im 17. Jh. vorgenommen. In Mitteleuropa war seit dem 15. Jh. bekannt, daß es ein äthiopisches Henochbuch gibt, aber erst 1773 wurde die Schrift in vollem Umfang bekannt und 1838 veröffentlicht. Moderne Textausgaben stammen von *J. Flemming* 1902 und von *R. H. Charles* 1906; maßgebend ist jetzt die kritische Edition von *M. A. Knibb* aus dem Jahre 1978. Übersetzungen ins Deutsche liegen vor von *Georg Beer* in den 1900 von Emil Kautzsch herausgegebenen „Apokryphen und Pseudepigraphen des Alten Testaments" und neuerdings von *Siegbert Uhlig* in den „Jüdischen Schriften aus hellenistisch-römischer Zeit" Bd. V, Lieferung 6, Gütersloh 1984.

1.2.2 Von der griechischen Textvorlage des äthHen besitzen wir vier Fragmente bzw. Fragmentengruppen, die im 18. und 19. Jh. aufgetaucht sind. Es handelt sich um zwei längere Textabschnitte, so das Fragment aus Achmim/Gizeh mit dem Text von 1,1–32,6 (mit einem zusätzlichen Fragment zu 19,3–21,9) und der Chester-Beatty-Papyrus mit dem Schluß des Henochbuches Kap. 97,6–107,3 (ohne den letzten Nachtrag in Kap. 108). Daneben besitzen wir noch zwei kürzere Fragmente, so die Synkellos-Fragmente mit 6,1–11,4 (zusätzlich auch 8,4–10,14) und 16,1–4 und einen tachygraphischen Text in Codex Vaticanus Graecus 1809 mit 89,42–49. Beachtenswert ist, daß wir den Anfang und den Schluß des Buches in griechischer Fassung besitzen. Die Fragmente sind zusammenfassend ediert von *Matthew Black*, Apocalypsis Henochi Graece (PsVTGr 3), Leiden 1970. In der deutschen Ausgabe von *Uhlig* sind sie alle berücksichtigt. Das Verhältnis zwischen dem griechischen und dem äthiopischen Text ist bei aller Übereinstimmung nicht einfach das von Vorlage und Übersetzung; es muß noch eine Zwischenstufe gegeben haben, weswegen man in der Forschung mit einer altäthiopischen Fassung als ursprünglicher Übersetzung rechnet, die dann bearbeitet wurde.

1.2.3 Noch schwieriger liegen die Dinge bei den aramäischen Fragmenten, die in Höhle 1 und vor allem in Höhle 4 von Qumran gefunden worden sind; sie stammen von mehreren Kopien eines älteren Henochbuches. Es handelt sich nach neuester Übersicht um 58 Fragmente, die Henochtexte enthalten, aber wegen ihres oft geringen Umfangs nur zum Teil einen Einblick in die vorauszusetzende Textfassung ermöglichen. Eindeutig ist, daß es sich auch hier-

1 Textfassungen und Textüberlieferung 45

bei nicht um eine Vorlage handelt, die unverändert ins Griechische übertragen worden ist. Die Probleme sind noch nicht abschließend geklärt, da die Fragmente aus 4 Q erst kürzlich allgemein zugänglich gemacht wurden. Einen Überblick über die Textstellen ermöglicht *Johann Maier* in seiner 1995/96 erschienenen dreibändigen deutschen Übersetzung aller Qumrantexte und -fragmente (vgl. Bd. III, S. 179f).

1.2.4 Das slavische Henochbuch ist in Mittel- und Westeuropa erst im 19. Jh. bekannt geworden. Es liegt in zwei Fassungen vor, wobei die längere Rezension die ursprüngliche ist. Die handschriftliche Überlieferung der im 10./11. Jh. übersetzten Schrift setzt im 14. Jh. ein. Von der griechischen Vorlage sind bisher keine Fragmente bekannt geworden. In der slavischen Fassung finden sich neben jüngeren jüdischen Einschüben auch einige christliche Interpolationen. Englische Ausgaben des Textes wurden 1913 von *R. H. Charles* und 1983 von *F. I. Anderson* publiziert. Eine deutsche Übersetzung wurde von *Nathanael Bonwetsch* 1896 und verbessert 1922 herausgegeben (der Text fehlt bei Kautzsch); maßgebend ist jetzt die Übersetzung von *Christfried Böttrich* in „Jüdische Schriften aus hellenistisch-römischer Zeit" Bd. V, Lieferung 7, Gütersloh 1995.

1.2.5 Der Text des dritten Henochbuches wurde mit einer englischen Übersetzung 1928 herausgegeben von *Harald Odeberg*, 3Henoch or The Hebrew Book of Enoch (vgl. die Besprechung von *Rudolf Bultmann*, ThLZ 62, 1937, Sp. 449–453).

1.3 Zu Alter und Traditionsgeschichte der Texte

1.3.1 Die Urfassung des äthiopischen Henoch muß im 2. und 1. vorchristlichen Jahrhundert entstanden sein, wie die aramäischen Textfragmente aus Qumran zeigen. Die griechische Übersetzung ist vermutlich wenig später entstanden. Die Übersetzung ins Äthiopische ist nicht genau zu datieren; sie gehört in die Zeit zwischen dem 4. und 7. Jh. n. Chr. Es handelt sich um ein Sammelwerk, in dem apokalyptische Texte verschiedenen Alters zusammengefaßt sind. Die ältesten Teile sind die Tiervision in Kap. 85–90 und die Zehn-Wochen-Apokalypse in 93,1–10; 91,11–17, die beide zweifellos ins 2. vorchristliche Jahrhundert zurückgehen. Umstritten ist das Alter der Bilderreden, weil dazu weder aramäische noch griechische Fragmente aufgetaucht sind. Auch wenn sie zu den jüngeren Schichten des Buches gehören, dürften sie noch im 1. Jh. n. Chr. entstanden sein.

1.3.2 Die griechische Vorlage des slavischen Henochbuches entstand in der Mitte oder gegen Ende des 1. Jh. n. Chr. Die Übersetzung in das Kirchenslavische erfolgte erst im Mittelalter; aus sprachlichen Gründen wird von Experten meist das 10. oder 11. Jh. n. Chr. angenommen. Gegenüber dem Sammelcharakter des äthiopischen Henochbuches handelt es sich hier um eine geschlossene Konzeption, die eine einheitliche Abfassung unter Verwendung älterer Tradition erkennen läßt.

1.3.3 Das dritte Henochbuch ist frühestens im ausgehenden 2. Jh. n. Chr. entstanden und liegt außerhalb der Epoche, um die es in dieser Studie geht. Es ist aufschlußreich für die Anfänge der jüdischen Mystik.

1.4 Übersicht über das äthiopische und das slavische Henochbuch

1.4.1 Äthiopischer Henoch

1–36   Das angelologische Buch/Das Buch der Wächter
    1–5   Henochs Rede über das Geschick der Gerechten und der Sünder
    6–16   Der Fall der Engel
    17–36   Henochs Himmelsreisen

37–71   Die Bilderreden
    37   Einleitung
    38–44   Erste Bilderrede
    45–57   Zweite Bilderrede
    58–69   Dritte Bilderrede
    70–71   Abschluß

72–82   Das astronomische Buch

83–91 Das Buch der Traumvisionen/Die Entwicklung
der Weltgeschichte
83–84 Erste Vision über das Sintflutgericht
85–90 Zweite Vision = Tiervision
91 Ermahnungen (außer V. 11–17)

92–105 Das paränetische Buch/Henochs Epistel
92 Henochs Weisheitslehre
93,1–10; 91,11–17 Zehnwochen-Apokalypse
93,11–105,2 Ermahnungen

106–108 Anhänge

1.4.2 Slavischer Henoch

1–38 Himmelsreise Henochs (Weisheit)
1–23 Engelerscheinung, Aufstieg Henochs zu Gott
24–35 Offenbarungen Gottes an Henoch
36–38 Rückkehr zur Erde

39–67 Mahnreden Henochs an seine Söhne (Ethik)
39–54 Reisebericht und Ermahnungen
55–67 Henochs Testament

68–73 Aufnahme Henochs in den Himmel, Anfänge des
Priesterdienstes (Kult)
68–70 Methusalem und Nir
71–72 Melchisedek
73 Flut und Ende der Urzeit

2 Die ältesten Teile des äthiopischen Henochbuches

In die fünf großen Komplexe des äthHen sind zwei ältere
Überlieferungseinheiten eingegliedert, die in die Makkabäerzeit, also die Mitte des 2. Jh. v. Chr. zurückgehen: Die
Zehn-Wochen-Apokalypse in Kap. 93,1–10 + 91,11–17 und
die Tiervision in Kap. 85–90.

2.1 Die Zehn-Wochen-Apokalypse

2.1.1 Dieser alte Text ist verkürzt als Sieben-Wochen-Apokalypse in das paränetische Buch aufgenommen worden, dort in Kap. 93,(1f)3–10. Der Rest ist erfreulicherweise nicht verlorengegangen, sondern wurde in die Ermahnungen Kap. 91 eingegliedert (V. 11–17), so daß wir den Gesamttext rekonstruieren können. Ähnlich wie bei den 70 Jahrwochen in Dan 9 handelt es sich um eine Überlieferungseinheit, in der die Geschichte der Welt in Wochen gegliedert ist.

2.1.2 Im jetzigen Text ist der Abschnitt in Kap. 92 mit einem Vospann über Henochs Weisheitslehre versehen. Dann folgt in 93,1f der Hinweis, daß Henoch „aus den Büchern" die folgende apokalyptische Weissagung vorträgt. Während der ursprüngliche Text, wie noch zu zeigen ist, in den drei letzten Wochen von dem Endgericht und der Heilszeit handelt, endet der hier aufgenommene Text mit der siebten Woche, in der es um das Auftreten eines „abtrünnigen Geschlechts" und um die Unterweisung der „erwählten Gerechten" geht. Das ist als Ortsbestimmung für die Gegenwart der Ansatzpunkt für die folgenden Ermahnungen innerhalb des paränetischen Buches. Wenn in den Übersetzungen 91,11–17 hier eingeschoben wird, so ist das zwar notwendig, um den Zusammenhang der ursprünglichen Konzeption erkennbar zu machen, stört aber im jetzigen Kontext.

2.1.3 Der sehr knapp und übersichtlich gehaltene Text der Zehn-Wochen-Apokalypse gliedert die Ereignisse so, daß die ersten sieben Wochen die Geschichte der Welt, die letzten drei Wochen die Endereignisse behandeln. Dabei wird jeweils das hervorgehoben, was am Ende einer Woche geschieht und diese charakterisiert.

– In der ersten Woche geht es um die Geburt Henochs am Ende der Zeit des Rechtes und der Gerechtigkeit (seit Adam!).
– Die zweite Woche handelt vom Aufkommen der Ungerechtigkeit und der Sintflut, aber auch von der Rettung Noachs und dem Erlaß der noachitischen Gebote.
– Die dritte Woche umfaßt die Zeit bis zum Auftreten Abrahams als „Pflanze des gerechten Gerichts".

2 Die ältesten Teile des äthiopischen Henochbuches

- In der vierten Woche wird „ein Gesetz für alle Generationen" erlassen und ein „umfriedeter Raum", die Stiftshütte, geschaffen.
- Am Ende der fünften Woche, die die Zeit der Landnahme und Staatenbildung umfaßt, wird das „Haus der Herrlichkeit", der Tempel Salomos, errichtet.
- In der sechsten Woche wird „die Weisheit vergessen", „in ihr wird ein Mann auffahren" (Elia), und an ihrem Ende wird der Tempel zerstört werden.
- In der siebten Woche wird sich ein „abtrünniges Geschlecht" erheben, aber den „erwählten Gerechten" wird „eine siebenfache Unterweisung über seine ganze Schöpfung" zuteil werden. Zugleich wird – nach 91,11 – die Bestrafung der Ungerechten bereits beginnen.
- Die achte Woche ist eine (vorläufige) Woche der Gerechtigkeit, in der die Sünder in die Hände der Gerechten ausgeliefert werden und ein Haus „für den großen König der Herrlichkeit" gebaut wird.
- In der neunten Woche wird sich das Gericht über die ganze Welt ereignen.
- In der zehnten Woche wird schließlich auch das Gericht über die Engel, die „Wächter des Himmels", vollzogen. Dann wird „ein neuer Himmel erscheinen", und es werden „viele Wochen, ohne Zahl, in Ewigkeit sein".

2.1.4 Kennzeichnend für die Geschichtsauffassung dieses Textes ist, daß die gesamte Geschichte von der Schöpfung bis zur Vollendung dargestellt wird. In der Urzeit ist die Gerechtigkeit vorgebildet; dann folgen Epochen, in denen die Ungerechtigkeit vorherrscht, aber Zeichen des künftigen Heils erkennbar sind: Noach, Abraham, Mose, Salomo, Elia. Die irdische Geschichte mündet ein in die Zeit der Drangsal in der siebten Woche; aber in dieser Zeit wird den Erwählten mit der „Unterweisung über die ganze Schöpfung" eine Hilfe gegeben. Hier ist offenkundig die Zeit der Bedrängnis unter Antiochos IV. vorausgesetzt. Auffällig ist die Dreiteilung der Endgeschichte in der achten bis zehnten Woche. Nach einer vorläufigen irdischen Heilszeit (vgl. die Vorstellung vom 1000jährigen Reich in Offb 20) erfolgt in der neunten Woche zuerst das Gericht über alle Menschen, anschließend in der beginnenden zehnten Woche das Gericht über die (abtrünnigen) Engel und schließlich die Verwirklichung der Heilszeit, die unbegrenzt dauern wird.

2.1.5 Die Grundstruktur dieses apokalyptischen Entwurfs ist klar zu erkennen. Eine Erweiterung und Störung der Konzeption hat sich lediglich am Anfang der zehnten Woche ergeben: Im Rückblick auf das Buch der Wächter Kap. 1–36 ist hier offensichtlich ein Gericht über die abgefallenen Engel nachgetragen worden. Kennzeichnend ist, daß in dieser Apokalypse nun nicht Daniel (Exilszeit) oder Mose (Wüstenzeit), sondern Henoch und mit ihm die Urzeit Ausgangspunkt der Geschichtsbetrachtung ist. Damit wird die Geschichte der Welt umfassend in die apokalyptische Schau der Geschichte einbezogen. Auch für die anderen Teile der Henochüberlieferung ist dieser urzeitliche Standort kennzeichnend.

2.2 Die Tiervision

2.2.1 Die Tiervision in Kap. 85–90 ist sehr viel umfangreicher und komplexer. Wie die Zehn-Wochen-Apokalypse mit Dan 9 verwandt ist, so die Tiervision des Henochbuches mit Dan 8. Allerdings geht es nicht um Widder und Ziegenbock, sondern um einen Bullen und eine Kuh, um Schafe und Wölfe, um Raben und Lämmer. Hinzu kommt das Bild von den 70 Hirten, die hier aber keine positive Funktion haben, sondern die Fremdherrscher kennzeichnen.

2.2.2 Der Text, in dem unterschiedliche Elemente miteinander verschmolzen sind, braucht nicht in allen Details besprochen zu werden. Wichtig ist wieder die Frage der Geschichtskonzeption. Zu Beginn wird auch hier Henoch als Künder der Vision eingeführt. Der erste Teil des Textes setzt daher in bildhafter Rede mit der Urzeit ein; er handelt von Kain und Abel, vom Fall und der Bestrafung der Engel, von der Sündenverfallenheit der Menschen und der Sintflut, aber auch von Noach und Abraham, der Wüstenwanderung und der Gesetzgebung sowie der Landnahme und dem Tempelbau bis zur Zerstörung des ersten Tempels. Ein zweiter Teil handelt dann von der Zeit der Preisgabe an die 70 Hirten, die in Antiochos IV. Epiphanes, dem „großen Horn" (Daniel!), kulminiert. Daß der Makkabäeraufstand bereits begonnen, aber noch nicht zum Erfolg geführt hat, geht aus 90,12 hervor (vgl. Dan 11,33–35). Die entscheidende Hilfe wird, wie der folgende Text zeigt, allein von Gott erwartet, der sein Gericht über die Sterne (Engel), die Hirten und die verblendeten Schafe durchführt. Dann folgt die Heilszeit, in der „der Herr der Schafe ein neues Haus brachte, größer und höher als jenes erste, und er stellte es an den Ort des ersten, das entfernt worden war" (90,29). Und in dieses Haus, die erneuerte Welt und gleichzeitig der erneuerte Tempel, ziehen nun alle geretteten Schafe ein. Uhlig hat den Schlußabschnitt in 90,28–38 unter die Überschrift „Das messianische Reich" gestellt, weil dort von einem „weißen Bullen mit großen Hörnern" die Rede ist, der geboren werden soll und vor dem sich alle anderen fürchten. Aber es geht nicht um einen Messias, der das Heil heraufführt, sondern um die Gestalt eines Herrschers in der Heilszeit, bei der nicht auf die königliche Messianologie Bezug genommen wird, so sehr sich Berührungen damit ergeben. Zu beachten ist, daß im Blick auf die Heilsverwirklichung ebenso wie in den Danielvisionen, der Assumptio Mosis und der Zehn-Wochen-Apokalypse eine ausgesprochen theokratische Konzeption vorliegt.

3 Die Hauptteile des äthiopischen Henochbuches

Zu den Hauptteilen gehören das angelologische Buch Kap. 1–36 (I), das Buch der Traumvisionen Kap. 83–91 (IV) und das paränetische Buch Kap. 92–105 (V). Die Bilderreden Kap. 37–71 (II) und das astronomische Buch Kap. 72–82 (III) sind spätere Erweiterungen.

3.1 Das angelologische Buch/Das Buch der Wächter

Neben der Zehn-Wochen-Apokalypse, der Tiervision und den späteren Bilderreden ist das angelologische Buch, das auch als Buch der Wächter bezeichnet wird, zweifellos der wichtigste Teil des Henochbuches. Es steht nicht zufällig am Anfang. Ebenso wie größere Teile des paränetischen Buches ist es weitgehend griechisch erhalten (bis 32,6), auch liegen dazu aramäische Fragmente vor.

3.1.1 Die Kapitel 1–5 stellen eine Einleitung dar, wobei strittig ist, ob der Text als Einleitung zum angelologischen Buch (so *Uhlig*) oder als Einleitung zur ganzen Schrift (so *Beer* bei Kautzsch) angesehen werden muß. Es handelt sich dabei aber nicht um eine echte Alternative; denn als Einleitung zu Kap. 6–36 hat es auch eine Funktion für die anderen Teile. Beachtenswert ist jedenfalls der programmatische Charakter. Henoch kündigt aufgrund einer „Vision des Heiligen im Himmel, die mir die Engel zeigten", die kommenden Ereignisse an (1,2). Gleich zu Beginn wird das Endgericht erwähnt, das der „Gott der Welt" durchführen wird (1,3–9). Dann wird auf die kosmische Ordnung als Schöpfung Gottes (2,1–5,3) und auf das göttliche Gesetz hingewiesen, das aber weithin von den Menschen nicht eingehalten wurde (5,4–6). Den Gerechten und Auserwählten wird daraufhin Weisheit verliehen; sie werden daher nicht ins Gericht kommen, sondern „zu ewiger Freude und Frieden an allen Tagen ihres Lebens" eingehen (5,7–9). Erwähnt sei noch, daß in Jud 14f ausdrücklich auf Henoch und seine Weissagung in äthHen 1,9 Bezug genommen ist, wonach „der Herr" mit Myriaden von Engeln zum Gericht kommen wird.

3.1.2 Der nächste Abschnitt in 6,1–16,4 handelt von dem Fall und der Bestrafung der ungehorsamen Engel. Hier wird die Tradition von Gen 6,1–4 aufgegriffen und als Ursache für die Gottlosigkeit auf Erden verstanden. Nicht nur Menschen, sondern auch drei Erzengel wenden sich an Gott wegen der wachsenden Ungerechtigkeit; so ergeht ein Gerichtsauftrag Gottes in Gestalt der Sintflut, die ihrerseits Typos für die endgültige Vernichtung der bösen Mächte ist. Henoch, „der Schreiber der Gerechtigkeit", schaut in einer Vision das künftige Gericht.

3.1.3 Die in Kap. 17–19 geschilderte erste Himmelsreise Henochs dient dazu, ihm die gesamte kosmische Wirklichkeit vor Augen zu führen. Bei der Schau der überirdischen Bereiche sieht Henoch den großen Feuerstrom, die Wasser der Tiefe und den Abgrund, die für die Bestrafung im Endgericht vorgesehen sind. Es liegt eine apokalyptisch adaptierte Kosmologie vor. Anhangsweise werden in Kap. 20 noch die Namen der sieben Erzengel aufgeführt.

3.1.4 Die zweite, sehr viel ausführlicher beschriebene Himmelsreise Henochs umfaßt die Kap. 21–36. Hier geht es zunächst in Kap. 21 um die Schau des Gerichtsortes für die gefallenen Engel. Danach sieht Henoch in Kap. 22f die Unterwelt, in der „die Geister der Seelen der Toten" bis zum Tage des Gerichts versammelt sind; die Toten sind bereits getrennt nach Gerechten und Ungerechten. Diese Stelle ist deswegen besonders beachtenswert, weil darauf bei Jesu Abstieg in die Totenwelt in 1 Petr 3,19 Bezug genommen wird. In Kap. 24–26 darf Henoch den Ort der Auserwählten schauen, dem in Kap. 27 die Schlucht der Verfluchten gegenübergestellt ist. Abschließend unternimmt Henoch in Kap. 28–36 noch eine Reise durch die vier Himmelsrichtungen des Kosmos.

3.1.5 Für die Datierung ist kein direkter Anhaltspunkt zu finden. Aber die vorchristliche Entstehung ist eindeutig. Man wird beim angelologischen Buch damit rechnen können, daß es noch im 1. Jh. v. Chr. entstanden und wenig später mit den Traumvisionen und dem paränetischen Buch verbunden worden ist.

3.2 Das Buch der Traumvisionen und das paränetische Buch

3.2.1 Auf das Buch der Traumvisionen ist hier nur kurz hinzuweisen. Kernstück ist die besprochene Tiervision in Kap. 85–90. Diese wurde ergänzt durch eine Eingangsvision in Kap. 83f über das Sintflutgericht und durch Ermahnungen in Kap. 91, die sich an die Gerechten wenden.

3.2.2 In das paränetische Buch Kap. 92–105(106–108) ist zu Beginn die Zehn-Wochen-Apokalypse verkürzt aufgenommen worden, um an sie eine Vielzahl von Ermahnungen anzuschließen, die mit Weherufen gegenüber den Unfolgsamen durchsetzt sind. In Kap. 94 geht es um eine Aufforderung zum Wandel in Gerechtigkeit. Dann folgt in Kap. 95–97 ein Aufruf zu Furchtlosigkeit, Hoffnung und Glaube, in Kap. 98–102 eine Warnung vor Sünde und abschließend in Kap. 103–105 eine Ermutigung der Gerechten (von 97,6 an liegt uns dieser Teil des Henochbuches auch griechisch vor, einschließlich der Nachträge in Kap. 106f, aber ohne Kap. 108). Es ist sehr bezeichnend, daß dieses paränetische Buch in Kap. 92 mit einem Abschnitt über die Weisheit und der daran anschließenden Sieben-Wochen-Apokalypse (sic) beginnt. In den ermahnenden Abschnitten, deren Wachstumsprozeß noch erkennbar ist, zeigt sich, wie weisheitlich-paränetische Tradition sukzessiv in den Zusammenhang der Apokalyptik gestellt wurde. Es handelt sich um eine „Fortschreibung" alter weisheitlicher Überlieferung in den asidäischen Kreisen, in denen man sich mit apokalyptischem Gedankengut beschäftigte.

3.2.3 Wann diese beiden Teile des Henochbuches entstanden sind, ist schwer zu sagen. Die geschichtlichen Anspielungen in der Tiervision und der Zehn-Wochen-Apokalypse sind dafür nicht relevant, weil sie auf ein älteres Stadium verweisen, während in der Endfassung keine klaren Anhaltspunkte für eine Datierung zu finden sind. Immerhin ist mit einer Entstehung noch im 1. vorchristlichen Jahrhundert zu rechnen.

4 Die jüngeren Teile des äthiopischen Henochbuches

4.1 Die Bilderreden

4.1.1 Wir besitzen von diesem Teil weder griechische noch aramäische Fragmente. Daher wird immer wieder die Frage gestellt, ob es sich denn überhaupt um einen ursprünglichen Teil des Henochbuches handle oder um eine ehemals selbständige apokalyptische Konzeption. Es ist ja auch nur am Anfang in Kap. 37 und in den beiden Schlußkapiteln 70 und 71 von Henoch die Rede. In jedem Fall ist davon auszugehen, daß die Bilderreden dem Henochbuch integriert worden sind. Aufgrund der fehlenden aramäischen und griechischen Textzeugnisse wird bisweilen angenommen, daß dies nicht vor dem Ende des 1. oder gar erst im 2. Jh. n. Chr. geschehen sein könnte. Nun ist der vorchristliche Charakter des Textes unbestreitbar. Hinzu kommt, daß die neutestamentliche Menschensohn-Vorstellung die Tradition der Bilderreden voraussetzt. Es ist daher mit einer Entstehung zu Beginn des 1. Jh. n. Chr. zu rechnen, und die Eingliederung in das Henochbuch dürfte auch nicht wesentlich später erfolgt sein. Selbst wenn die Bilderreden erst später schriftlich fixiert sein sollten, handelt es sich um ältere Traditionen und eine eindeutig jüdisch-apokalyptische Konzeption, so daß der vorchristliche Charakter in jedem Fall unbestreitbar ist, so wie das auch beim 4. Esrabuch und der syrischen Baruchapokalypse vorauszusetzen ist.

4.1.2 Die Bilderreden sind nicht ganz einheitlich. Abgesehen von den Bezugnahmen auf Henoch am Anfang und am Ende gibt es noch eine Reihe von relativ selbständigen Stücken. Das gilt für die Aussagen über die himmlische Weisheit in Kap. 42, für die Noach-Tradition in 54,7–55,2; 65,1–67,13 (68,1–69,25?) und für die mit Hiob 40 vergleichbare Vorstellung von Behemoth und Leviathan in Kap. 60. Man kann insofern mit drei Schichten rechnen: dem Grundbestand der Bilderreden; sodann den Einschüben, von denen zumindest die Noach-Tradition älter als die Bilderreden sein dürfte; schließlich den auf Henoch bezogenen Abschnitten, die der Integration dienen.

4.1.3 Der Text wird in Kap. 37 als eine Weisheit, die vom „Herrn der Geister" – eine für die Bilderreden charakteristische Gottesprädikation – so noch nicht gegeben worden ist. Die erste Bilderrede in Kap. 38–44 handelt von dem kommenden Gericht über die Sünder, dann aber auch von den „Wohnungen der Heiligen und den Ruheorten der Gerechten" (39,4–8); danach wird die riesige Zahl der Engel samt den Erzengeln geschaut, die „vor der Herrlichkeit des Herrn der Geister" stehen. Dem Seher wird ferner Einblick gewährt in die „Geheimnisse des Himmels" (Kap. 40–44), wozu im jetzigen Text auch der Abschnitt über die himmlische Weisheit gehört, die auf Erden keinen Platz fand, daher in den Himmel zurückgekehrt ist (Kap. 42). Vom „Menschensohn" ist im Blick auf Gericht und Heil hier noch nicht die Rede, wohl aber von dem „Erwählten", in dessen Tagen Treue und Gerechtigkeit walten werden (39, 6; vgl. 40,5). Das ist offensichtlich, wie mein Schüler *Johannes Theisohn* in seiner Studie „Der auserwählte Richter" (Göttingen 1975) gezeigt hat, eine ältere Vorstellung von einer himmlischen, mit der Endzeit verbundenen Gestalt, die dann mit der Gestalt des „Menschensohnes" gleichgesetzt worden ist.

4.1.4 Die zweite Bilderrede in Kap. 45–57 kann man in zwei Unterabschnitte einteilen. Der erste in Kap. 45–49 handelt nun zentral vom „Menschensohn". Eingangs ist nochmals die Rede von dem „Erwählten", der auf dem „Thron der Herrlichkeit" als Richter sitzen wird und den Gott unter den Geretteten wohnen lassen will (45,3f). Danach wird unter Aufnahme von Dan 7,9–14 vom „Haupt der Tage" gesprochen und von dem, der „*wie* ein Menschensohn" aussieht (46,1). Das wird aber im folgenden Text weitergeführt mit „*dieser* Menschensohn" bzw. „*jener* Menschensohn". Ihm ist das Gericht über die Sünder übertragen (46,3–8). Auch wenn gleich anschließend gesagt wird, daß die „Bücher der Lebenden" vor dem „Haupt der Tage" aufgeschlagen werden (47,3), ist gleichwohl der „Menschensohn" dabei anwesend (48,1–3), und von ihm heißt es nun: „Er wird für die Gerechten ein Stab sein, damit sie sich auf ihn stützen und nicht fallen, und er wird das Licht der Völker und die Hoffnung derer sein, die in ihrem Herzen Kummer haben ... . Und darum ist er erwählt worden (!) und verborgen vor ihm (sc. Gott), ehe der Äon geschaffen wurde, und bis in Ewigkeit (wird er sein). Und die Weisheit des Herrn der Geister hat ihn offenbart den Heiligen und Gerechten" (48,4.6f). Es ist eindeutig, daß es sich um eine himmlische Einzelgestalt handelt, die von jeher existierte, nun aber mit dem Endgericht und dem Heil eine besondere Funktion übernimmt (vgl. Kap. 49). Der zweite Unterabschnitt in Kap. 50–57 schildert die Auferweckung der Toten, die Trennung im Gericht und die „Täler des Gerichts"; dabei ist aus der Noach-Apokalypse eine Flutgerichts-Typologie übernommen worden. Auch in diesem Zusammenhang ist wieder vom „Erwählten" die Rede (51,3), ferner von der „Herrschaft seines (sc. Gottes) Gesalbten" (52,4; vgl. bereits 48,10), wobei aber die messianische Vorstellung ganz der apokalyptischen Erwartung einer himmlischen Gestalt angeglichen ist.

4.1.5 Die dritte Bilderrede in Kap. 58–69 beginnt mit einem Hinweis auf den Erbteil der Gerechten, hauptsächlich geht es aber wieder um den Vollzug des Gerichts, einschließlich des Gerichts über die abgefallenen Engel. Der hier aufgenommene Abschnitt aus der Noach-Apokalypse behandelt Noachs Rettung im Flutgericht (Kap. 65–67). Von besonderem Interesse sind erneut die Aussagen über die himmlische Gestalt, die beim Gericht und in der Heilszeit eine besondere Rolle innehat, wobei die bisherigen Beobachtungen bestätigt werden: Es ist der „Erwählte" bzw. der „Menschensohn", der Gericht hält (61,5.8; 62,1 sowie 62, 5.7.9; 63,11 und der Schlußabschnitt in 69,26–29). Hinzu kommt hier der wichtige Abschnitt, in dem es über das Heil der Auserwählten heißt: „Der Herr der Geister wird über ihnen wohnen, und sie werden mit jenem Menschensohn speisen und sich (zur Ruhe) niederlegen und sich erheben von Ewigkeit zu Ewigkeit" (62,14; vgl. V. 15f). Der „Menschensohn" hat also nicht nur eine Funktion beim Gericht, sondern ebenso in der Heilszeit.

4.1.6 Die Schlußkapitel 70 und 71, die der Eingliederung in das Henochbuch dienen, handeln nun erstmals wieder von der Person Henochs. In Kap. 70 heißt es, daß Henoch selbst – im Sinn von Gen 5,24 – in den Himmel aufgenommen und „erhoben wurde zu jenem Menschensohn und zu dem Herrn der Geister, von denen hinweg, die auf dem Festland wohnen". Gegenüber dieser mit den Bilderreden korrespondierenden Auffassung vom himmlischen „Menschensohn" bringt Kap. 71 etwas Neues und Überraschendes: Bei einer Himmelsreise erfährt Henoch, daß er selbst als Menschensohn eingesetzt sei. Ein Engel spricht zu ihm: „Du bist der Menschensohn, der zur Gerechtigkeit geboren ist, und Gerechtigkeit wohnt über dir, und die Gerechtigkeit des Hauptes der Tage verläßt dich nicht" (71, 14). Es kann kein Zweifel sein, daß dieses Kapitel einen Nachtrag darstellt, in dem Henoch über seine prophetische Funktion hinaus nun mit dem Menschensohn gleichgesetzt ist. Es handelt sich um eine Vorstellung, die bezeichnenderweise im Neuen Testament im Unterschied zu den sonstigen Aussagen über den Menschensohn keine Spuren hinterlassen hat.

4.1.7 Blickt man zurück auf die Bilderreden, so fällt zweierlei auf: Stärker als die anderen Teile sind diese Kapitel auf Gericht und endzeitliches Heil konzentriert. Hinzu kommt, daß hier eine himmlische Gestalt begegnet, der

„Erwählte" oder der „Menschensohn", die dabei zusammen mit dem „Haupt der Tage" bzw. dem „Herrn der Geister" handelt oder Gott vertritt. Die konsequent theozentrische Form der Eschatologie, die sonst in den Danielvisionen, der Himmelfahrt des Mose und den übrigen Teilen des Henochbuches begegnet, ist dadurch modifiziert. Anders als in Dan 7,13f ist der „Menschensohn" nicht nur Repräsentant der erneuerten Welt, sondern er ist aktiv an Gericht und Heil beteiligt. In dieser Ausformung der Menschensohn-Vorstellung liegt eine wichtige Voraussetzung für die Menschensohn-Aussagen des Neuen Testaments, in denen zunächst Jesu Parusie, Gerichtshandeln und Heilsvollendung durch Identifizierung mit der Menschensohn-Gestalt interpretiert wurden (anders Lk 12,8f); die Aussagen über Jesus als den irdischen und den leidenden und auferstehenden Menschensohn kamen dann in einer weiteren Traditionsstufe dazu.

4.2 Das astronomische Buch

4.2.1 Das astronomische Buch in Kap. 72–82 war der Teil des äthiopischen Henoch, der in der Forschung bisher am wenigsten Aufmerksamkeit gefunden hat. Man war lange Zeit der Meinung, daß es sich dabei um traditionelles Wissen handle, das nur geringe theologische Relevanz habe. Verstärkte Aufmerksamkeit ergab sich dann aber nicht nur aufgrund der in Qumran gefundenen Textfragmente dieses Teiles, sondern im Zusammenhang mit dem auch für die Qumrangemeinschaft wichtigen Sonnenkalender. Nun liegt seit 1994 eine wichtige Monographie von *Matthias Albani*, Astronomie und Schöpfungsglaube, vor, die sich eingehend mit den Problemen des astronomischen Buches befaßt.

4.2.2 Die Astronomie, die in der Antike vor allem in Mesopotamien gepflegt wurde, steht im Frühjudentum in unmittelbarem Zusammenhang mit der biblischen Schöpfungstradition. Die Verfassung des Kosmos repräsentiert die gute und gerechte Ordnung der von Gott geschaffenen Welt. Sie ist gleichsam das himmlische Abbild des von Gott erlassenen Gesetzes für die Menschen. Sie weist darüber hinaus auf eine endgültige Ordnung hin, womit die Astronomie geradezu Verheißungscharakter gewinnt. In diesem Sinn hat sie ihren Platz und ihre Funktion innerhalb der Apokalyptik (vgl. auch Mt 2,1–12). Vor allem aber dient sie, wie *Albani* sehr schön gezeigt hat, dem Lobpreis und der Verherrlichung Gottes. „Die apokalyptische Henoch-Astronomie ist daher in ihrem tiefsten Wesen Doxologie" (S. 349).

5 Das slavische Henochbuch

5.1 Das ursprünglich griechisch geschriebene Buch stellt trotz Verarbeitung zahlreicher älterer Traditionen eine einheitliche Konzeption dar. Das wird, wie *Böttrich* gezeigt hat, nicht zuletzt an der Konzentration der drei Teile auf die Themen Weisheit, Ethik und Kult deutlich. Diese Schrift ist im Bereich des Diasporajudentums entstanden, wo die apokalyptische Henochtradition ebenfalls verbreitet war. Die griechische Vorlage des äthiopischen Henoch muß dem Verfasser bekannt gewesen sein, vermutlich ohne die Bilderreden. Wo diese Schrift entstanden ist, läßt sich nicht feststellen; Böttrichs Annahme einer Herkunft aus Alexandria ist nicht zu belegen. Wichtiger ist seine Beobachtung, daß Tempel und Opferpraxis vorausgesetzt werden, daß daher die Entstehungszeit noch vor 70 n. Chr. liegen dürfte.

5.2 Der erste Teil des slavischen Henoch ist der Offenbarung himmlischer Weisheit gewidmet.

5.2.1 In Kap. 1–23 erscheinen zu Beginn dem Urvater Henoch Engel, die ihn bis in den 7. Himmel erheben. Im 1. Himmel schaut er die oberen Regionen der irdischen Wirklichkeit, im 2. Himmel den Ort der Strafe für ungehorsame Engel; im 3. Himmel sieht er das Paradies mit dem Baum des Lebens als Ort der Gerechten, daneben aber auch den Ort für die Ungerechten. Der 4. Himmel ist der Bereich der Sonne, des Mondes und der Sterne sowie der sie leitenden Engel (hier wird sowohl der Sonnen- wie der Mondkalender berücksichtigt). Im 5. Himmel befinden sich die gefallenen Engel von Gen 6,1–4. Im 6. Himmel schaut Henoch die Erzengel und die Engel, die über Zeiten und Jahre gesetzt sind (19,4), sowie die „Engel aller menschlichen Seelen", die deren Leben und Taten aufschreiben (19,5). Im 7. Himmel sieht er von ferne Gott, der sich im 10. Himmel befindet; kurz darf er auch den 8. und 9. Himmel schauen, dann wird er vor Gottes Angesicht gestellt. Dazu bedarf es seiner Verwandlung. Zugleich wird ihm eine Unterweisung durch einen Erzengel gegeben, woraufhin er 366 Bücher aufschreibt.

5.2.2 Im anschließenden Abschnitt Kap. 24–35 empfängt Henoch Offenbarungen von Gott selbst. Der Leitgedanke in 24,3f lautet: „Höre, Henoch, und vernimm diese meine Worte: Denn weder habe ich meinen Engeln meine Geheimnisse kundgetan, noch habe ich ihnen ihren Ursprung erzählt, noch haben sie meine Unendlichkeit und die Unbegreifbarkeit der Schöpfung bedacht, die ich dir heute kundtue. Denn vorher, bevor noch alles Sichtbare war, wandelte ich allein umher im Unsichtbaren". Es folgt eine ausführliche Nacherzählung der Schöpfungsgeschichte von Gen 1, und zwar konsequent unter dem Vorzeichen der *creatio ex nihilo* (vgl. 2Makk 7,28 und Röm 4,17b). Beachtenswert sind die Aussagen über die Erschaffung des Menschen in 30,8–10a: „Am sechsten Tag befahl ich meiner Weisheit, den Menschen aus sieben Bestandteilen zu schaffen: sein Fleisch von der Erde, sein Blut vom Tau und von der Sonne, seine Augen vom Abgrund des Meeres, die Knochen vom Gestein, seine Gedanken von der Schnelligkeit der Engel und den Wolken, seine Adern und Haare vom Gras der Erde, seine Seele von meinem Geist und vom Wind. Und ich gab ihm sieben Fähigkeiten: das Hören zu dem Fleisch, das Sehen den Augen, den Geruch der Seele, die Berührung den Adern, den Geschmack dem Blut, den Knochen die Standfestigkeit, dem Denken die Lust ... . Von unsichtbarer und von sichtbarer Natur machte ich den Menschen". Im Anschluß an Gen 2 und 3 ist dann vom Sündenfall die Rede und in Kap. 33 vom achten Schöpfungstag als Zeit der Ewigkeit. Zusammenfassend wird schließlich formuliert: „Meine Weisheit ist mein Berater, und mein Wort ist Tat, und meine Augen schauen auf alles" (33,4b). Diese Offenbarungen soll Henoch aufschreiben und seinen Nachkommen übermitteln.

5.3 Die Ermahnungen Henochs an seine Söhne im Mittelteil Kap. 39–67 beginnen in 39,1–42,5 mit einem Bericht über die Himmelsreise, der einige Ergänzungen zu Kap. 1–23 enthält. Dann folgt in 42,6–55,3 eine Mahnrede Henochs, die vor allem zur Anerkennung Gottes und zu seinem Lobpreis auffordert; hier finden sich zwei Reihen mit Seligpreisungen bzw. Seligpreisungen und Verfluchungen (42,6–14; 52,2–15). Das Testament Henochs in Kap. 55–67 enthält Aufforderungen zum Schutz des Lebens (auch der Tiere!), zu Gerechtigkeit, Geduld und Fürsorge für die Armen. Abschließend ist in Kap. 65 von den Zeiten und Jahren dieses Äons die Rede und von dessen Ende, dem das Gericht folgen wird, sowie in Kap. 67 von Henochs Schrift „Der unsichtbare Gott".

5.4 Einen anderen Charakter hat der Schlußteil in Kap. 68–73. Nach der Entrückung Henoch wird ein Gedenkstein errichtet und ein Fest gefeiert. Dabei wird sein Sohn Methusalem aufgefordert, den Priesterdienst zu übernehmen; er tut es erst nach einer nächtlichen Erscheinung. Als seine Zeit zu Ende geht, setzt er seinen in Gen 5 nicht erwähnten Enkel Nir ein, den zweiten Sohn Lamechs nach Noach. Trotz dessen Enthaltsamkeit wird seine Frau auf wunderbare Weise schwanger und gebiert sterbend Melchisedek. Dieser wird wegen der bevorstehenden Sintflut von Gott in den Himmel versetzt, und ein „anderer Melchisedek" als dessen Abbild wird später zu Abrahams Zeiten Priesterkönig von Salem sein (vgl. 71,35; 72,6; vgl. Hebr 7,1–3). Schließlich baut Noach auf Gottes Geheiß eine Arche, und danach bricht die Sintflut aus.

5.5 Was im slavischen Henochbuch auffällt, ist die starke Konzentration auf die Urzeit. Man hat deshalb schon gefragt, ob oder inwieweit das Buch wirklich apokalyptisch sei, da die Geschichte der Welt und die Endzeit doch zurücktrete. Aber damit ist der Charakter der Schrift verkannt: Alles, was in der Geschichte der Welt und an ihrem Ende geschieht, ist in der Urzeit bereits präfiguriert. Der typologische Charakter ist höchst bezeichnend, und von daher stehen die Aussagen einschließlich der Vorstellung von einem ewigen himmlischen Priester (im Anschluß an Ps 110,1.4) eindeutig im Kontext apokalyptischen Denkens.

6 Zusammenfassende Beobachtungen zur Henoch-Tradition

6.1 Die Gestalt Henochs weist darauf hin, daß das apokalyptische Weltbild konsequent von der Urzeit her entfaltet wird. Das gilt für das äthiopische wie für das slavische Henochbuch. Es geht um eine universale Sicht, die mit der Schöpfung einsetzt und die gesamte Geschichte und Wirklichkeit der Welt umfaßt.

6.2 Mit der Urzeit wird sowohl das Schöpfungshandeln Gottes als auch der durch den Engelfall verursachte Abfall als Ursprung aller Sünde zum Thema erhoben (vgl. dazu bes. äthHen 14–16). Die gesamte Folgezeit bis zum Ende der Welt steht unter diesem Vorzeichen.

6.3 Solange die Erde steht, gibt es nach apokalyptischer Auffassung kein Heil. Diejenigen, die auf den einen Gott vertrauen und sich an seine Gebote halten, haben die Verheißung künftiger Heilsteilhabe, wenn sie in der Zeit der Drangsal durchhalten. Sie empfangen dafür Weisheit, bei der es sowohl um die Geheimnisse der Schöpfung als auch um das Endgericht und die Heilszeit geht.

6.4 Eine zentrale Stellung haben die Gerichtsaussagen, teils in Gestalt eines Strafvollzuges, teils in Gestalt eines forensischen Gerichtsakts (vor allem in den Bilderreden). Bis zum Jüngsten Gericht werden die Geister der Toten an einem besonderen Ort aufbewahrt, getrennt nach gefallenen Engeln, ungerechten und gerechten Menschen; die Auferweckung der Toten leitet dann über zum Gericht (vgl. einerseits äthHen 21f, andererseits 50f).

6.5 In allen Teilen der Henochüberlieferung stehen Gerichtsankündigung und Heilsverheißungen nebeneinander und bestimmen die Sicht der Weltgeschichte. Häufig wird der für die Gerechten vorherbestimmte „Ort" beschrieben. Besonderheiten zeigen sich im Blick auf die Heilsverwirklichung: Neben der konsequent theozentrischen Auffassung steht die Vorstellung einer vorläufigen messianischen Heilszeit (Zehn-Wochen-Apokalypse) und die Erwartung des Menschensohnes als des Richters und des Herrn der Heilszeit (Bilderreden).

§ 7 Das 4. Buch Esra

1 Die Textüberlieferung

1.1 Zur Bezeichnung der Schrift

Es gibt eine Vielzahl von Esra-Schriften, über die zunächst ein Überblick zu geben ist. Dabei ist zu beachten, daß sie teilweise unterschiedliche Bezeichnungen haben.

1.1.1 In der hebräischen Bibel gibt es als Weiterführung der beiden Chronikbücher ein Buch Esra und ein Buch Nehemia (die Bezeichnungen Esra und Nehemia schon immer in der Luther-Bibel, jetzt auch in der Einheitsübersetzung). Die vier Schriften stellen zusammen das sogenannte chronistische Geschichtswerk dar.

1.1.2 In der Vulgata werden die Bücher Esra und Nehemia als 1. und 2. Buch Esra bezeichnet, d.h. die Bezeichnung des Nehemiabuches ist in 2. Buch Esra geändert.

1.1.3 In der Septuaginta sind Esra und Nehemia zu einem Buch zusammengefaßt und tragen die Bezeichnung ΕΣΔΡΑΣ Β'. Vorgeordnet und mit ΕΣΔΡΑΣ Α' bezeichnet ist eine apokryphe Schrift, die Exzerpte aus der Chronik und dem 1. und 2. Esrabuch enthält. In der abendländischen Tradition wird diese Schrift als 3. Buch Esra bezeichnet.

1.1.4 Kompliziert liegen die Dinge beim 4. Buch Esra. Die Kapitel 3–14 stellen eine jüdische Apokalypse dar, die Kapitel 1–2 und 15–16 sind christliche Ergänzungen (vgl. § 15). Man hat später die beiden Eingangskapitel als 5. Buch Esra bezeichnet, die beiden Schlußkapitel als 6. Buch Esra. Während 4Esra 3–14 zur apokalyptischen Literatur des Judentums gehört, sind 5Esra und 6Esra den neutestamentlichen Apokryphen zugeordnet worden (vgl. § 15 Abs. IV). Wenn im folgenden vom 4. Buch Esra die Rede ist, handelt es sich ausschließlich um Kap. 3–14.

1.1.5 Während das 4. Buch Esra nur lateinisch überliefert ist, gibt es noch eine griechische Esra-Apokalypse, die von 4Esra 3–14 abhängig, aber eigenständig ist; sie enthält zahlreiche christliche Zusätze.

1.2 Zur Textfassung und den Übersetzungen

1.2.1 Der überlieferte lateinische Text des 4. Esrabuches geht auf eine griechische Vorlage zurück. Es handelt sich um eine Übersetzung, in der Eigentümlichkeiten der griechischen Sprache festgehalten sind, so daß eine Rückübersetzung ins Griechische gut möglich ist. *Adolf Hilgenfeld*, einer der bedeutenden Apokalyptik-Forscher des 19. Jahrhunderts, hat in seinem Buch „Messias Judaeorum", Leipzig 1869, eine solche Rückübersetzung vorgenommen.

1.2.2 Für den griechischen Text haben wir noch weitere indirekte Zeugnisse: Die erhaltenen Übersetzungen ins Syrische und Äthiopische gehen eindeutig auf die griechische Fassung zurück. Dasselbe gilt für die etwas jüngeren Übersetzungen ins Arabische, Armenische und Georgische.

1.2.3 Eine Reihe von Textproblemen in den erhaltenen Textfassungen lösen sich nur beim Rückgang auf die semitische Sprachtradition. Wir können deshalb davon ausgehen, daß der griechische Text auf einer älteren hebräischen oder aramäischen Fassung beruht. Das bedeutet, daß wir es bei der lateinischen Übersetzung mit einer Tochterübersetzung zu tun haben.

1.2.4 Bei der Besprechung des 4. Esrabuches ist vom lateinischen Text auszugehen. Während in den Kanon der Vulgata offiziell nur das 1. und 2. Buch Esra gehören, gibt es gleichwohl Handschriften, die auch das 3. und das 4. Buch Esra enthalten. In der kritischen Textausgabe der Vulgata von *Robert Weber*, Biblia Sacra iuxta Vulgatam versionem (Stuttgart ²1975), sind daher 3 und 4 Esra in einem Anhang berücksichtigt. Eine gute Übersetzung des 4. Esrabuches ins Deutsche hatte bereits *Hermann Gunkel* in der Textsammlung von Emil Kautzsch, Apokryphen und Pseudepigraphen des Alten Testaments II, Tübingen 1900, vorgelegt. Heute maßgebend ist die Übersetzung von *Josef Schreiner* in „Jüdische Schriften aus hellenistisch-römischer Zeit" Bd. V, Lieferung 4, Gütersloh 1981. Die griechische Esra-Apokalypse ist in derselben Reihe in Bd. V, Lieferung 2, Gütersloh 1976, S. 85–102, von *Ulrich B. Müller* übersetzt und erläutert.

2 Der Inhalt des 4. Esrabuches

2.1 Das 4. Buch Esra ist in 7 Visionen eingeteilt. Davon gehören die Visionen 1–3 und die Visionen 4–6 enger zusammen. Die 7. Vision nimmt eine Sonderstellung ein. Die überkommene Kapiteleinteilung entspricht nicht dem tatsächlichen Aufbau des Buches. Es ist folgendermaßen gegliedert:

Visio 1 umfaßt 4Esra 3,1–5,19,
Visio 2 den Abschnitt 5,20–6,34,
Visio 3 den Abschnitt 6,35–9,25.

Visio 4 umfaßt 4Esra 9,26–10,59,
Visio 5 den Abschnitt 10,60–12,50,
Visio 6 den Abschnitt 12,51–13,56.

Visio 7 umfaßt 4Esra 13,57–14,47.

2.2 Die drei ersten Visionen haben dialogischen Charakter: Esra erhält auf seine bohrenden Fragen wegen der Zerstörung des Zion und des Geschickes Israels Antworten von einem ihm erscheinenden Engel. In den drei nächsten Visionen schaut Esra die kommenden Ereignisse und wird selbst zum Offenbarungsmittler. In der Schlußvision wird er durch Inspiration befähigt, die verbrannten Heiligen Bücher neu zu schreiben und darüber hinaus weitere geheimzuhaltende Bücher abzufassen.

2.3 Die fiktive Situation ist ähnlich wie im Danielbuch die Zeit nach der Zerstörung des ersten Tempels unter Nebukadnezar. Die faktische Situation ist die Zerstörung des herodianischen Tempels durch die Römer, also die Zeit nach 70 n. Chr.

3 Die Schlußvision

3.1 Wegen ihrer Bedeutung für die Stellung des 4. Esrabuches ist von der Schlußvision auszugehen. Sie besteht im wesentlichen aus einer Audition. An einem Dornstrauch wird Esra von einer Stimme angesprochen, wobei ausdrücklich auf die an Mose ergangene Offenbarung hingewiesen wird; ihm wurden bereits die Geheimnisse der Zeiten und das Ende der Zeiten offenbart. Nun wird Esra aufgefordert, Heilige Schriften niederzuschreiben, die er teils veröffentlichen, teils geheimhalten soll (14,2–6). Von den zwölf Teilen, in die die Weltzeit eingeteilt ist, sind zehn bereits abgelaufen; in den beiden letzten nimmt das Böse überhand, aber der „Adler" eilt schon herbei, um Rettung zu schaffen (14,17; anders das Adler-Motiv in Visio 5). Esra soll das Volk ermahnen (14,28–36), zunächst aber soll er sich mit fünf Männern zurückziehen, um die Bücher zu schreiben; dafür erbittet er von Gott den Heiligen Geist (14,18–27.37–41). In 40 Tagen schreibt Esra zusammen mit diesen Männern 94 Bücher, davon sind 24 zu veröffentlichen (14,42–45); „die letzten siebzig aber sollst du verwahren, um sie den Weisen aus deinem Volk zu übergeben; denn in ihnen fließt die Quellader der Einsicht, die Quelle der Weisheit und der Strom des Wissens" (14,46f). Zuletzt wird Esra, der „Schreiber der Erkenntnis des Höchsten", zu Gott entrückt.

3.2 Der Text ist kanongeschichtlich von Bedeutung. Nachdem zunächst die „Tora" und die „vorderen und hinteren Propheten" sowie die „Psalmen" als kanonisch angesehen wurden (vgl. Lk 24,44), ist bei der pharisäischen Reorganisation des Judentums Ende des 1. nachchristlichen Jahrhunderts auch der dritte Teil der Hebräischen Bibel in seinem Umfang festgelegt und kanonisiert worden, die sogenannten „Schriften". Damit kommt man auf insgesamt 24 biblische Bücher. Auch *Josephus* setzt diese Entscheidung voraus, wenngleich er nur von 22 Schriften redet, was aber offensichtlich damit zusammenhängt, daß Richter und Ruth sowie Jeremia und Klagelieder von ihm als je ein Buch angesehen wurden (Contra Apionem I,7f).

3.3 Die kanonischen Schriften stehen für jüdisches Verständnis in Verbindung mit einer Auslegungstradition. Während nach Auffassung der Pharisäer diese Schriften mit der mündlichen Tora zusammengehören (später zusammengefaßt in Mischna und Talmud), sind in der Apokalyptik die im Gottesdienst verwendeten Heiligen Schriften und die verborgenen Schriften einander zugeordnet worden. Die Zahl Siebzig ist dabei eine symbolische Zahl, zeigt aber, daß mit vielen apokalyptischen Geheimschriften gerechnet wurde.

4 Die drei ersten Visionen

Die drei ersten Visionen sind nur in einem eingeschränkten Sinn als „Visionen" zu bezeichnen. Es erscheint zwar jeweils ein Engel, aber im Vordergrund stehen Dialoge. In diesen Gesprächen Esras mit der himmlischen Gestalt eines Engels geht es um die Geschichte der Welt, um Sünde, Leiden und Gericht sowie um Zukunftsverheißungen.

4.1 Die erste Vision 3,1–5,19 behandelt die Geschichte von Adam bis zur Zerstörung Jerusalems durch die Babylonier. Entscheidend ist dabei das Problem des Sündigens trotz der Erschaffung der Menschen und der Erwählung Israels durch Gott. „Du hast das böse Herz nicht von ihnen weggenommen", was zu einer dauernden Krankheit geführt hat (3,20), heißt es in einer Anklage Esras. Obwohl kein anderes Volk als Israel Gott erkannt hat, wurde dieses Volk zerschlagen, während die Frevler verschont blieben. „Nun wiege unsere Sünden und die der Weltbewohner auf der Waage! ... Welches Volk hat so deine Gebote gehalten? Einzelne Menschen, mit Namen zu nennen, die deine Gebote gehalten haben, wirst du zwar finden, Völker aber wirst du nicht finden" (3,34.36). Der Engel Uriel weist darauf hin, daß menschliche Fassungskraft nicht in der Lage ist, die Wege des Höchsten zu erfassen, woraufhin Esra die Frage stellt, warum dann dem Menschen die Fähigkeit des Erkennens überhaupt gegeben worden ist. „Es wäre besser für uns, nicht dazusein, als (zur Welt) zu kommen und in Sünden zu leben, zu leiden und nicht zu verstehen, warum" (4,12). Die Frage bleibt unbeantwortet, statt dessen wird Esra mitgeteilt, daß die Weltzeit bald vorüber sein wird. Auf die Rückfrage „Wie lange noch? Und wann wird das sein?" erhält er die Antwort, daß die Zahl der Gerechten erst noch voll werden muß (4,33.36). Abschließend wird von den Tagen gesprochen, in denen die Welt ihr Ende finden wird.

4.2 In der zweiten Vision 5,20–6,34 geht es um die Preisgabe des erwählten Volkes. Der Engel spricht zu

Esra: „Hast du dich so sehr erregt wegen Israel? Oder liebst du es mehr als sein Schöpfer?" Esra antwortet: „Nein, Herr, aber vor lauter Schmerz habe ich geredet; denn mein Innerstes quält mich jede Stunde, weil ich den Pfad des Höchsten erfassen, seinen Urteilsspruch erforschen möchte" (5,33f). Wieder wird auf die Unerforschlichkeit Gottes hingewiesen, vor allem aber auf den Trost für die Gerechten: „Jeder, der übrig gelassen wird von all dem, was ich dir vorhergesagt habe, wird gerettet werden und mein Heil und das Ende meiner Welt sehen. ... Dann wird das Herz der Erdbewohner verwandelt und zu einer anderen Gesinnung hingelenkt. Denn das Böse wird zerstört ... . Der Glaube aber blüht, die Verderbnis wird überwunden, die Wahrheit herausgestellt, die so lange Zeit ohne Frucht geblieben war" (6,25–28).

4.3 Die umfangreiche dritte Vision 6,35–9,25 ist dreiteilig. Es handelt sich um die Abschnitte 6,35–7,44; 7,45–115 und 7,116–9,25.

4.3.1 Im ersten Teil geht es wieder um die Frage nach dem Erbteil Israels. Esra greift auf das Sieben-Tage-Werk der Schöpfung zurück und sagt: „Das alles aber habe ich vor dir, Herr, ausgesprochen, weil du gesagt hast, daß du unseretwegen die erste Welt geschaffen hast" (6,55; vgl. 7,50: der Höchste hat „nicht eine Welt geschaffen, sondern zwei"). Der Engel weist ihn darauf hin, daß das Heil nur durch Engpässe und Nöte zu erreichen sei. Dann folgt in 7,26–44 eine große Heilsverheißung, die dadurch gekennzeichnet ist, daß mit einer 400jährigen vorläufigen Heilszeit unter einem Messias gerechnet wird (vgl. die 8. Woche in der Zehn-Wochen-Apokalypse, dort aber ohne eine messianische Gestalt). Danach werden sich die Auferweckung der Toten, das Gericht und das Endheil ereignen.

4.3.2 Im zweiten Teil geht es erneut um das böse Herz und die Sündenverfallenheit der Menschen. Esra fragt: „Was aber nützt es uns, daß wir zwar zum Heil kommen können, aber eben doch in Qualen gepeinigt werden?" (7,67). Der Engel antwortet ihm: „Als der Höchste die Welt erschuf, Adam und alle, die von ihm abstammen, bereitete er zuerst das Gericht vor und was zum Gericht gehört. Nun aber lerne aus deinen eigenen Worten! ...

Gerade deshalb werden die, die auf der Erde weilen, gequält, weil sie Verstand hatten und dennoch Sünden begingen" (7,70–72). Im Blick auf die Gerechten heißt es dann, daß das Kostbare selten ist. Esra selbst soll sich nicht zu denen zählen, die gepeinigt werden. Die Verächter Gottes werden nach ihrem Tod nicht in die Kammern eingehen (anders als äthHen 22!), sondern sofort gestraft. Für die Gerechten aber wird es aus den Kammern des Todes einen siebenstufigen Aufstieg geben. Eine Fürbitte für die Gottlosen wird abgewiesen. Am Ende dieses Abschnitts heißt es: „Der Tag des Gerichtes aber ist das Ende dieser Welt und der Anfang der unsterblichen kommenden Welt, in der die Vergänglichkeit vorüber ist, die Zuchtlosigkeit vertrieben, der Unglaube vertilgt, die Gerechtigkeit aber erwachsen und die Wahrheit erstanden ist" (7,113f).

4.3.3 Der dritte Abschnitt beginnt mit der Klage: „Es wäre besser gewesen, die Erde hätte Adam nicht hervorgebracht. ... Ach, Adam, was hast du getan?" (7,116.118a). Die Ursache des Bösen wird hier nicht in einem Engelfall, sondern in der Urschuld der Menschen gesehen. Es folgt die Frage, was es denn nützt, daß uns eine unsterbliche Welt verheißen ist, wir aber leiden müssen. Daraufhin wird die Antwort gegeben: „Das ist der Sinn des Kampfes, den der Mensch kämpft, der auf Erden geboren ist, daß er, wenn er unterliegt, das leiden muß, was du gesagt hast, wenn er aber siegt, das empfängt, was ich gesagt habe" (7,127). Es folgt ein Bekenntnis zur Barmherzigkeit Gottes, dann ein Gebet Esras, auf das der Engel mit der Zusage antwortet: „Für euch (sc. die Gerechten) ist das Paradies geöffnet, der Baum des Lebens gepflanzt, die kommende Welt bereitet" (8,52).

5 Die vierte und fünfte Vision

Die vierte und fünfte Vision sind Erscheinungen bildhafter Art, wie das auch bei den Traumvisionen des Danielbuches der Fall ist.

5.1 Die vierte Vision in 9,26–10,59 schildert die Erscheinung einer trauernden Frau, die dann in eine erbaute Stadt verwandelt wird. In der Deutung 10,40–57 wird die Trauernde auf den zerstörten Zion bezogen, die erbaute Stadt aber auf die „Stadt des Höchsten". Es kann kein menschliches Bauwerk mehr vorhanden sein, wenn diese Stadt erscheinen soll.

5.2 Die fünfte Vision in 10,(58f)60–12,50 ist länger und komplizierter. Es geht um die Erscheinung eines aus dem Meer aufsteigenden Adlers, dessen Flügel und Köpfe, und um einen ihn bekämpfenden Löwen. In der Deutung heißt es 12,11: „Der Adler ..., das ist das vierte Reich, das in einem Gesicht deinem Bruder Daniel erschienen ist", und in 12,31f: „Der Löwe aber ..., das ist der Gesalbte, den der Höchste bis zum Ende der Tage aufbewahrt, der aus dem Samen Davids hervorgehen und kommen wird". Die Messiaserwartung ist in 12,31–34 wieder aufgenommen, wird aber nicht im Sinn eines Zwischenreichs verstanden wie in 7,26–44, sondern im Sinn einer unmittelbaren Vorbereitung und eines Übergangs zur Heilszeit. Der Gesalbte wird die Übeltäter vor Gericht stellen, sie überführen und vernichten. „Mein übriggebliebenes Volk aber ... wird er gnädig befreien; er wird ihnen Freude bereiten, bis das Ende, der Tag des Gerichts, kommt" (12,34). Es ist unverkennbar, daß hier die traditionelle Messiasvorstellung im Sinn der Apokalyptik transformiert ist, so daß sie dem entspricht, was dann in der sechsten Vision unter Verwendung der Menschsohntradition ausführlich beschrieben wird. Der Abschluß der fünften Vision enthält die Anweisung an Esra, die geschauten Geheimnisse in ein Buch aufzuschreiben; denn er sei ja allein von allen Propheten übriggeblieben. Zugleich soll er die „Weisen" aus seinem Volk (vgl. Dan 11,33) unterweisen und trösten: „Habe Mut, Israel, und sei nicht traurig, du Haus Jakob! Denn beim Höchsten wird euer gedacht; der Gewaltige hat euch nicht für immer vergessen" (12,46f).

6 Die sechste Vision

6.1 Die sechste Vision in 12,51–13,56 geht es um eine Traumerscheinung, in der die Endereignisse beschrieben werden. Sie besitzt besondere Bedeutung, weil hier wieder wie in den Bilderreden des äthiopischen Henochbuches die

Tradition vom himmlischen Menschensohn begegnet. Esra sieht etwas „wie die Gestalt eines Menschen(sohns)" (13, 3a: quasi similitudinem hominis – im erhaltenen lateinischen Text offensichtlich aus Versehen ausgefallen; V. 3b: ipse homo, V. 25.32: vir), die aus dem Meer aufsteigt und sich bis zu den Wolken des Himmels erhebt. Dabei schlägt diese Gestalt einen großen Berg los, der auf eine versammelte Menschenmenge fällt (vgl. Dan 7,13f; 2,45). Der Menschensohn kämpft weder mit Schwert noch einer anderen Waffe, aus seinem Mund geht es vielmehr hervor wie Feuerwogen und Flammenhauch. „Danach sah ich jenen Menschen(sohn) vom Berg herabsteigen und eine andere, friedliche Menge zu sich rufen" (13,12).

6.2 In der Deutung dieses Traums heißt es dann: Der Mann „ist jener, den der Höchste lange Zeit aufbewahrt, durch den er seine Schöpfung erlösen will" (13,26). Es handelt sich um eine himmlische Urgestalt, die geradezu präexistente Züge trägt. Sie wird im folgenden auch „mein Sohn" (filius meus) genannt, was aber, wie die arabische Übersetzung zeigt, auf ein ursprüngliches παῖς μου (hebräisch עבדי), „mein Knecht", zurückgehen dürfte. Jedenfalls ist es dieser Menschensohn, der das endgültige Heil verwirklicht; ihm gegenüber hat der in der dritten Vision erwähnte Messias eine vorläufige Funktion, und in der fünften Vision ist die Messiasgestalt der Gestalt des Menschensohnes weitgehend angeglichen. Zu beachten ist noch, daß es in der Deutung von den Geretteten heißt: „Das sind die (offensichtlich: Gerechten der) zehn Stämme, die gefangengenommen worden waren ...; sie wurden in ein anderes Land gebracht ... und wohnten dort bis zur letzten Zeit .... Aber es sind auch die, welche von deinem Volk übriggeblieben sind" (13,40.46a.48).

7 Die Bedeutung des 4. Esrabuches

Im 4. Esrabuch sind drei Traditionsstränge zusammengeflossen: Die typisch apokalyptische Sicht der beiden Welten samt Gerichts- und Heilsverheißung; sodann die Frage nach der Ursache der Sünde und dem Sinn des Leidens; schließlich die Vorstellung vom Menschensohn als dem

Richter und Heilbringer, verbunden mit der Erwartung einer vorläufigen messianischen Zeit.

7.1 Die apokalyptische Konzeption der beiden Äone ist hier mit letzter Konsequenz durchgeführt: Die Geschichte der Welt ist eine Geschichte des Unheils; die irdische Wirklichkeit ist heilsleer, erst in der Zukunft, wenn der neue Äon anbricht, wird es Heil geben. Was zur Zeit dieser gegenwärtigen Welt den Menschen gewährt wird, ist die Erwählung zum Heil und die Zusage künftigen Heils. Dabei ist die Erwählung zum Heil verbunden mit der Gabe der Tora, und die künftige Heilsteilhabe ist abhängig von der Treue zur Tora. Aus diesem Grunde wird nicht das ganze erwählte Volk am Heil teilhaben, sondern nur die Gerechten werden es empfangen. Insofern trifft das Gericht auch nicht nur die Frevler aus anderen Völkern, sondern ebenso die Gottlosen und Ungerechten aus dem Volk Israel.

7.2 Von besonderer Bedeutung ist das bohrende Fragen nach der Sünde und dem Leiden. Das Ringen um diese Probleme lotet die anthropologische Problematik in großartiger Weise aus. In keinem Buch seit Hiob sind so tiefschürfend die Probleme der Sünde, des Bösen in der Welt und des Leidens erörtert worden. Dabei muß man sich klarmachen, daß es nicht um Zweifel und dessen Überwindung geht (gegen die Auffassung von *Wolfgang Harnisch*). Der Glaube an den einen Gott und seine Verheißung stehen unverrückbar fest. Aber der Verfasser des 4. Esrabuches will die „Pfade des Höchsten" erfassen (5,33f). Er will ergründen, warum das Böse und die Sünde eine solche Macht haben, warum es das Leiden gibt; und er beruft sich auf die dem Menschen gewährte Erkenntnisfähigkeit. Das nimmt wie im Hiobbuch geradezu die Form eines Rechtsstreites an. In den Dialogen mit dem Engel wird ihm dann dreierlei zu verstehen gegeben: Die Erkenntnisfähigkeit dient dazu, die Gebote Gottes zu erfassen und zu befolgen, nicht aber dazu, Geheimnisse zu ergründen. Das Leiden ist dazu bestimmt, daß der Mensch sich bewährt und durch alle Not hindurch auf das künftige Heil vertraut und zugeht. Was aber die Wirklichkeit der Sünde und des Bösen betrifft, bleibt unbegreifbar, sie ist der Verborgenheit und Unfaßbarkeit Gottes vorbehalten. Insofern erhält die Frage nach dem Ursprung des Bösen keine Antwort, und das Thema der Verborgenheit Gottes wird zum Leitthema des Buches (so mit Recht *Egon Brandenburger*). Das schließt keineswegs aus, daß es für die Gerechten Offenbarungen gibt, die ihnen einen partiellen Einblick in Gottes Walten und vor allem in die zukünftige Heilsverwirklichung gewähren. Beachtenswert ist, daß sich die Anfänge einer „Erbsündenlehre" abzeichnen, sofern das Unheil auf die Tat Adams zurückgeführt wird. Dennoch geht es nicht einfach nur um die Folgen des Ungehorsams Adams, sondern um das „böse Herz" eines jeden, was zu fortwährender Sünde und Gesetzesübertretung führt. Darum wird auch die Frage aufgeworfen, warum dieses „böse Herz" dem Menschen überhaupt zuteil geworden bzw. nicht weggenommen worden sei. Aber im Blick darauf geht es ja gerade um die Orientierung an der Tora sowie um die Bewährung im Glauben und das Durchhalten aufgrund der Zusage des künftigen Heils.

7.3 In der Endzeiterwartung sind die Messiashoffnung und die Erwartung des Menschensohnes miteinander verbunden. Die traditionelle Messiasvorstellung ist im Sinne einer vorläufigen Heilsverwirklichung der apokalyptischen Konzeption integriert worden. Das ist traditions- und frömmigkeitsgeschichtlich ein aufschlußreiches Phänomen; denn hier stehen die beiden Erwartungsformen nicht alternativ nebeneinander, sondern sind miteinander in Beziehung gesetzt. Der königliche Messias hat dabei eine untergeordnete Funktion (unabhängig davon, ob er stirbt, so möglicherweise in 7,29, oder ob er in den Himmel aufgenommen wird wie in 12,32). Sofern er wie in 12,31–34 an der Heilsverwirklichung beteiligt ist, trägt er die Züge einer apokalyptischen Gestalt. Das endzeitliche Gericht und Heil wird definitiv jedenfalls durch den Menschensohn verwirklicht. Was die Gestalt dieses Menschensohnes betrifft, so liegt in 4Esra 13 eine deutliche Anlehnung an Dan 7,13f und eine Weiterführung der Tradition der Bilderreden des äthiopischen Henochbuches vor. Der Menschensohn als himmlische Gestalt handelt als Vertreter und Repräsentant Gottes beim Jüngsten Gericht und bei der Heilsvollendung. Mit seinem Erscheinen endet der alte Äon und der neue beginnt. Die sechste Vision des 4. Esrabuches ist somit ein dritter wichtiger Text für die Menschensohnvorstellung der frühjüdischen Zeit.

7.4　Auch wenn das 4. Esrabuch erst Ende des 1. Jh. n. Chr. abgefaßt sein kann, so handelt es sich doch um eine eindeutig vor- oder außerchristliche Tradition. Hinsichtlich der genaueren Datierung haben wir drei Anhaltspunkte: Die in der Schlußvision vorausgesetzte Entscheidung über den Kanon der Jüdischen Bibel kann kaum vor dem Jahr 90 angesetzt werden. Dazu kommt in der Adlervision eine unverkennbare Anspielung auf die Kaiser Vespasian, Titus und Domitian (12,22–27); letzterer regierte von 81 bis 96. Schließlich ist vom 30. Jahr nach der Zerstörung Jerusalems die Rede (3,1); mag das auch eine runde Zahl sein, so führen doch alle Hinweise auf die Wende vom 1. zum 2. Jahrhundert n. Chr.

8　Anhang: Die griechische Esra-Apokalypse

Da es sich um einen jüngeren Text handelt, dessen jüdische Grundschicht frühestens Ende des 2. Jh. n. Chr. entstanden sein kann, braucht er hier nicht ausführlich behandelt zu werden. Von Interesse ist nur sein Verhältnis zum 4. Esrabuch, das er voraussetzt, wovon er aber nur bedingt abhängig ist.

8.1　Esra, der hier als „heiliger Prophet und Geliebter Gottes" bezeichnet wird (1,1), darf bei einer Himmelsreise die Geheimnisse Gottes schauen. Ihm wird dabei die Zusage gegeben: „Ich werde die Gerechten Ruhe finden lassen im Paradies". Esra wendet ein: „Herr, warum begünstigst du die Gerechten? ... Erbarme dich doch der Sünder!" (1,12f.15). Gott aber antwortet: „Ich habe keinen Grund, mich ihrer zu erbarmen" (1,16). Das ist nun der Anlaß für einen langen Rechtsstreit, der hier auch ausdrücklich so genannt wird und sich, von Zusätzen abgesehen, bis an das Ende des Buches erstreckt. Damit ist ein charakteristisches Motiv aus 4Esra aufgenommen und in dieser Schrift zum Leitthema gemacht.

8.2　Bei diesem Rechtsstreit geht es wie in 4Esra um die Sünde und die Sünder. Bei Esras Frage nach Gerechtigkeitserweisen, antwortet Gott: „So wie ich Nacht und Tag gemacht habe, so habe ich den Gerechten und den Sünder gemacht; es ziemt sich aber, wie ein Gerechter zu wandeln" (2,9). Es gibt auch kein Erbarmen für die, die den Bund übertreten haben. Sobald aber die Gerechtigkeit sich mehrt, wird er langmütig sein (3,6), und dann wird das Ende kommen. Esra fragt nun nach dem Strafort und dem Paradies, die ihm gezeigt werden (5,20–28). Schließlich soll Esra sterben, aber die Engel können seine Seele nicht aus seinem Leib befreien. Da spricht Gott selbst zu ihm: „Gib mir das Gut, das ich dir anvertraut habe. Der Kranz liegt dir bereit" (6,17). Aber Esra wehrt sich mit der Begründung: „Wer wird dir übrigbleiben, für das Geschlecht der Menschen zu rechten?" (6,18b). Als er dann stirbt, bittet er um Segen für die, die dieses Buch abschreiben und daran festhalten.

8.3 In 4,5–5,11 ist eine ausführliche Unterweltsschilderung eingefügt; sie ist christlich überarbeitet. Interessant ist im vorliegenden Text die Vorstellung von den dreißig Stufen, die bis zu dem untersten Ort der zwölf Qualen hinabführen, wo dann auch der Antichrist zu sehen ist. Ähnliche Beschreibungen der Unterwelt finden sich noch in apokryphen christlichen Schriften (vor allem im sogenannten Nikodemusevangelium, in dem die fiktiven Acta Pilati mit einer Schilderung des *Descensus ad inferos* verbunden sind).

§ 8 Die syrische und die griechische Baruch-Apokalypse

1 Zu den Textfassungen

1.1 Die verschiedenen Baruch-Bücher

1.1.1 Zum Bestand der Septuaginta, der Vulgata und der Einheitsübersetzung gehört ein Baruch-Buch, das über den nach Babel verschleppten Jeremia-Schüler berichtet; in der Luther-Bibel befindet sich dieses Buch in den Apokryphen des Alten Testaments. Es handelt sich um einen gänzlich unapokalyptischen Text. Baruch wendet sich in einem langen Bußgebet an Gott; er ruft dann die Israeliten zur Umkehr auf, spricht vom Buch der Gebote Gottes als der Weisheit, an der man sich zu orientieren hat, und er verheißt Heimkehr ins eigene Land. Am Ende steht ein Brief Jeremias, den dieser aus Jerusalem nach Babel geschrieben hat.

1.1.2 Demgegenüber gibt es ein anderes Baruch-Buch, das vollständig nur in syrischer Sprache erhalten geblieben ist. Es ist eine apokalyptische Schrift, wird daher in der Regel als syrische Baruch-Apokalypse oder gelegentlich auch als 2. Buch Baruch bezeichnet. Es handelt sich um eine Übersetzung aus dem Griechischen; einige wenige griechische Fragmente sind erhalten geblieben.

1.1.3 Schließlich gibt es eine griechische Baruch-Apokalypse, die nicht identisch mit der Vorlage des syrischen Baruchbuches ist, daher als 3. Buch Baruch bezeichnet wird. Es handelt sich ebenfalls um eine apokalyptische Schrift, die jünger ist und sich von der syrischen Baruch-Apokalypse deutlich unterscheidet.

1.2 Zur Frage der Herkunft

1.2.1 Es ist leicht erkennbar, daß die syrische Baruch-Apokalypse mit dem 4. Buch Esra verwandt ist, aber diesem gegenüber eine eigene Gestalt und eine eigene theolo-

1 Zu den Textfassungen

gische Konzeption erkennen läßt. Es ist überwiegend wahrscheinlich, daß es auch für die Baruch-Apokalypse eine semitische Vorlage gab; die Entstehung im palästinischen Raum legt sich wie beim 4. Buch Esra vom Inhalt her nahe.

1.2.2 Zusammenhänge zwischen der griechischen Baruch-Apokalypse (3Baruch) und der griechischen Vorlage des syrischen Baruch (2Baruch) hat es zweifellos gegeben; aber es handelt sich um eine Schrift, die sich nur stellenweise mit der anderen berührt. Der Text der griechischen Baruch-Apokalypse ist christlich revidiert (Interpolationen in Kap. 1–10; Überarbeitung der Kap. 11–17). Von *Origenes* wird in De principiis II 3,6 eine zur (griechischen) Baruch-Apokalypse gehörende Beschreibung der sieben Himmel erwähnt; die im überlieferten Text fehlende Schilderung der beiden letzten Himmel ist möglicherweise der Überarbeitung zum Opfer gefallen. Von dieser im griechischen Sprachbereich entstandenen Apokalypse gibt es auch noch eine späte slavische Version, die aber an vielen Stellen abweicht.

1.3 Zu den Übersetzungen

1.3.1 Die syrische Baruch-Apokalypse ist erstmals 1871/76 ediert worden. *Viktor Ryssel* legte dann in dem Sammelwerk von Emil Kautzsch, Apokryphen und Pseudepigraphen des Alten Testaments II, Tübingen 1900, eine deutsche Übersetzung vor. Heute maßgebend ist die Übersetzung von *A. J. F. Klijn* in der Reihe „Jüdische Schriften aus hellenistisch-römischer Zeit" Bd. V, Lieferung 2, Gütersloh 1976, S. 103–191. Wichtig ist daneben *Klaus Berger*, Synopse des Vierten Buches Esra und der Syrischen Baruch-Apokalypse (TANZ 8), Tübingen-Basel 1992.

1.3.2 Die griechische Baruch-Apokalypse wurde bei Kautzsch ebenfalls von *Viktor Ryssel* übersetzt. In der Reihe „Jüdische Schriften aus hellenistisch-römischer Zeit" liegt sie einschließlich der slavischen Version in der Bearbeitung von *Wolfgang Hage* in Bd. V, Lieferung 1, Gütersloh 1974, S. 15–44, vor.

2 Die syrische Baruch-Apokalypse

2.1 Aufbau und Gliederung

In der Baruch-Apokalypse gehören die Teile I–III und IV–VI jeweils eng zusammen. Dazu kommt ein formal eigenständiger Schlußteil.

Teil I = 1,1–9,2:	Ankündigung der bevorstehenden Zerstörung Jerusalems
Teil II = 10,1–12,5:	Baruchs Klage
Teil III = 13,1–21,1:	Der Nutzen der Rechtschaffenheit
Teil IV = 21,2–34,1:	Frage nach der Zukunft: Drangsal, Zeit des Messias und das Ende
Teil V = 35,1–47,2:	Vision von Wald und Zeder; Ermahnung zur Gesetzestreue
Teil VI = 48,1–77,26:	Baruchs Gebet; Auferweckung und Verwandlung; Wolkenvision
Teil VII = 78,1–87,1:	Brief Baruchs an die neuneinhalb Stämme

2.2 Die Teile I–III

Die Teile I–III haben vorbereitende Funktion für die zentralen Teile IV–VI, in denen es um die Enderwartung geht.
2.2.1 Baruch empfängt zu Beginn von Teil I eine Audition und erfährt, daß die Zerstörung Jerusalems unmittelbar bevorsteht. In einer Vision sieht er, wie die Tempelgeräte von Engeln vorher weggeholt werden (anders in 2Chr 36,10; Dan 5,3; Esra 1,7–11); dann erst halten die Babylonier Einzug. Die Feinde dienen als Werkzeuge Gottes.
2.2.2 Teil II berichtet, daß Jeremia auf Weisung Gottes nach Babel zu den Gefangenen geht (in Jer 42–44 wird er nach Ägypten verschleppt). Baruch bleibt in Jerusalem und stimmt eine Klage über den zerstörten Tempel an (anders 1Baruch: Jeremia in Jerusalem, Baruch in Babylon).
2.2.3 Baruch hört in Teil III eine Stimme, die von der Züchtigung der Völker spricht. Auf die Frage „Wann?"

wird ihm gesagt: „Das Recht des Höchsten ist unparteiisch. Darum schonte er zuerst nicht seine eigenen Söhne, sondern er peinigte sie wie seine Hasser, weil sie gesündigt hatten. Darum wurden sie damals gezüchtigt, damit ihnen vergeben werden könnte. Nun aber, ihr Völker und Stämme, seid ihr schuldig geworden, weil ihr während dieser ganzen Zeit die Erde zertreten und die Schöpfung mißbraucht habt; denn immer habe ich euch Gutes getan, und immer habt ihr die Güte geleugnet" (13,7–12). Im Blick auf die Israeliten wird gesagt: „Mit Recht kann der Mensch mein Urteil nicht genau kennen, wenn er nicht das Gesetz empfangen und ich ihn nicht zum Verständnis unterwiesen hätte. Nun aber hat er es wissentlich übertreten, darum wird er als Wissender gestraft" (15,5f). Nun steht das Ende der Zeiten bevor: „Darum, siehe, die Tage werden kommen, und die Zeiten eilen mehr als die früheren ... Schon habe ich Zion weggenommen, damit ich umso rascher die Welt zu ihrer Zeit heimsuchen kann" (20,1f).

2.3 Die Teile IV–VII

2.3.1 Baruch wendet sich in Teil IV an Gott als Schöpfer. Er bittet darum zu erfahren, „was von dir kommt" (21,18). Der Himmel öffnet sich, und er hört Gottes Stimme: „Erst wenn die vorbestimmte Zahl erreicht ist, wird die Kreatur wieder aufleben" (23,5). Beim kommenden Gericht „wirst du und die vielen mit dir des Höchsten Langmut" erkennen (24,2). Jetzt geht es noch um die Zeit der Drangsal, die in 12 Abschnitte eingeteilt ist (Kap. 27). Dann folgt die Zeit des Messias, aber auch die Zeit des Behemoth und Leviathan. Schließlich wird der Messias in die Herrlichkeit zurückkehren, dann ereignen sich die Auferweckung der Toten und das Ende aller Zeiten.

2.3.2 In einem nächtlichen Gesicht sieht Baruch in Teil V einen Wald und einen Weinstock, danach eine Zeder. Dies wird gedeutet auf Israel und den Gesalbten, dessen Herrschaft dauern soll, „bis die Welt dieser Vergänglichkeit ein Ende finden wird" (39,3). Baruch erkundigt sich nach denen, „die ihre Eitelkeit aufgegeben und unter deine Flügel sich geflüchtet haben" (41,4), erhält aber nur eine eingeschränkte Antwort. Im Blick auf seinen bevorstehenden Tod ermahnt er dann seinen erstgeborenen Sohn, seine Freunde und sieben der Ältesten des Volkes, nicht abzuweichen vom Gesetz Gottes (44,1). „Denn wenn ihr beharrt und bleibt in seiner Furcht und nie vergeßt sein Gesetz, dann werden die Zeiten sich für euch wieder zum Heil wenden, und ihr werdet des Trostes Zions teilhaftig werden" (44,7). Alles, was vergänglich ist, wird vorübergehen, die neue Welt aber wird bleiben in Ewigkeit (vgl. 44,11–13).

2.3.3 Teil VI beginnt wieder mit einem Gebet Baruchs, auf das er von Gott eine Antwort erhält. Er wird nochmals hingewiesen auf die bevorstehende Drangsal und bekommt die Zusage, daß diejenigen, die die Mühe ertragen haben, in der anderen Welt das große Licht empfangen werden. Dann geht es um die Auferweckung der Toten und die Gestalt der Auferweckten: Die Toten sollen zuerst zurückkommen, wie sie einst gewesen sind; nach dem Gericht sollen aber die Geretteten verwandelt werden, und „sie werden sehen die Welt, die noch unsichtbar für sie ist" (51,8). Danach heißt es: „Erfreut euch an dem Leiden, das ihr jetzt leidet ... . Bereitet eure Seelen vor auf das, was für euch zubereitet ist, und macht eure Seelen fertig für den Lohn, der für euch bereitliegt" (52,6f). Abgeschlossen wird dieser Teil mit einer umfangreichen Vision von einer Wolke und ihren schwarzen und weißen Wassern samt deren Deutung. Zuletzt erhält Baruch noch den Auftrag, alles aufzuschreiben und je einen Brief nach Babylon und an die neuneinhalb Stämme zu schreiben.

2.3.4 Im Schlußteil folgt dann (nur) der Brief an die neuneinhalb Stämme, in dem vieles rekapituliert wird, was vorher gesagt ist: Der Brief beginnt mit einem Rückblick auf die Zerstörung des Zion. Dann folgt ein umfangreiches „Wort des Trostes" (81,1), in dem von den Geheimnissen der Zeiten, aber auch der Beschleunigung der Jetztzeit die Rede ist: „Die Jugend dieser Welt ist ja vergangen ... der Zeiten Kommen ist sehr nahe" (85,10). Unter dieser Voraussetzung ergeht der Aufruf, die Herzen recht zu bereiten, bevor das Gericht kommt. Abschließend werden die Empfänger aufgefordert, den Brief in den gottesdienstlichen Versammlungen zu verlesen.

3 Das Verhältnis des syrischen Baruch zu 4Esra und seine theologische Eigenart

3.1 Daß zwischen dem 4. Esrabuch und der Baruch-Apokalypse viele Gemeinsamkeiten bestehen, ist schon immer aufgefallen. Die früher häufig erörterte Frage, ob das 4. Esrabuch von der Baruch-Apokalypse abhängig sei, ist inzwischen in der Forschung weitgehend aufgegeben worden; mehrheitlich wird damit gerechnet, daß die Baruch-Apokalypse das 4. Esrabuch voraussetzt (so vor allem seit *Hermann Gunkel* und *Bruno Violet*). Das ist die einzig überzeugende Lösung, wenn man nicht nur von formalen Beobachtungen, sondern gleichzeitig von der theologischen Konzeption ausgeht.

3.2 Trotz der gemeinsamen siebenteiligen Gliederung und zahlreicher Parallelen bestehen im Aufbau und im Inhalt erhebliche Verschiedenheiten.

3.2.1 Im Aufbau hat die syrische Baruch-Apokalypse einen stärker fortschreitenden Gedankengang, während im 4. Esrabuch die Themen sehr viel häufiger wiederaufgenommen werden. Das zeigt sich nicht zuletzt an den drei ersten Teile, die hier einen sehr anderen Charakter haben; aber auch die folgenden Teile sind abweichend gestaltet.

3.2.2 Im Blick auf den Inhalt gibt es neben Berührungen und Übereinstimmungen sehr viele Abweichungen. Mit Hilfe der von *Klaus Berger* herausgegebenen Synopse kann man sich dies gut verdeutlichen. Eine Synopse wie bei den Evangelien war allerdings nicht realisierbar, da ein gleichartiger Aufbau fehlt. Daher ist zunächst der Text des 4. Esrabuches abgedruckt und dem sind alle Parallelen aus dem syrischen Baruch beigefügt, dann wird das umgekehrte Verfahren angewandt, nämlich der Text der syrischen Baruch-Apokalypse mit den Parallelstellen aus 4Esra wiedergegeben. Durch die Verwendung verschiedener Drucktypen ergibt sich ein aufschlußreiches Bild: Bei einer wesentlich anderen Gedankenführung bestehen Gemeinsamkeiten in bestimmten Motiven oder Themen (Petitdruck in doppelter Größe), aber auch in einzelnen Formulierungen (Normaldruck), sodann in ganzen Abschnitten, die zwar nicht übernommen, aber in ihren wesentlichen Gedanken aufgegriffen sind (jeweils eingerahmt in Kästen).

3.3 Wenn bei aller erkennbaren Abhängigkeit so starke Unterschiede bestehen, muß geklärt werden, was die Gründe dafür waren. Abgesehen von kleineren Abweichungen sind Verschiedenheiten vor allem in drei Bereichen deutlich erkennbar.

3.3.1 In der Baruch-Apokalypse fehlt völlig der Rechtsstreit mit Gott. Nicht zufällig gibt es keine Parallelen zu den drei ersten Visionen des 4. Esrabuches mit ihren Dialogen zwischen Esra und dem Engel. Zwar geht es um dieselben Fragen nach der Zerstörung des Zion, dem Geschick Israels und dem Leiden in der Welt. Aber an die Stelle der Anklage tritt hier die Klage und das Gebet.

3.3.2 Auch in der Baruch-Apokalypse geht es um das Geheimnis und die Unerforschlichkeit der Wege Gottes (vgl. 14,8f). Aber im Blick auf das Leiden wird sehr viel weniger betont, daß das Geschick des Leidens aufgrund der Sünde unumgänglich ist, sondern stattdessen der Gedanke hervorgehoben, daß das Leiden als Kompensation zu den auch von den Gerechten immer wieder begangenen Sünden notwendig ist. Leiden hat zwar die Funktion der Strafe, wobei die Strafe nicht einmal dem entspricht, was die Menschen getan haben; aber vor allem hat sie bei den Gerechten die Funktion der Reinigung: „Darum schonte er zuerst nicht seine eigenen Söhne, sondern er peinigte sie wie seine Hasser, weil sie gesündigt hatten. Darum wurden sie gezüchtigt, damit ihnen vergeben werden könnte" (13,9f). Die Unumgänglichkeit des Leidens wird auf diese Weise zu einer Notwendigkeit im Blick auf das Heil. Das Leiden erhält eine geradezu heilspädagogische Funktion. Hier dürfte auch der entscheidende Anlaß für die Umgestaltung der Überlieferung des 4. Esrabuches gelegen haben. Im Blick auf die Baruch-Apokalypse ist daher von einer charakteristischen Form der „Leidenstheologie" gesprochen worden, wie sie sich auch in rabbinischer Tradition findet (*Wolfgang Wichmann*). Die Schrift sollte ein Trostbuch sein, das nicht nur auf die Zukunft verweist, sondern auf die heilsrelevante Situation der Gegenwart. Nicht nur das Durchhalten ist wichtig, sondern das Wissen darum, daß im Leiden zwar noch kein Heil erfahren wird, aber das Leiden angesichts der Sünden Bedingung für das Heil ist.

3.3.3 Unterschiede gibt es auch in der Eschatologie. Einmal fällt auf, daß zwar die Vorstellung einer vorläufigen messianischen Zeit begegnet, jedoch nicht die Erwartung der Erscheinung des Menschensohnes. Die Heilsvollendung ist hier also im Sinn der älteren apokalyptischen Tradition theozentrisch aufgefaßt. Sodann ist wichtig, daß in der Baruch-Apokalypse die Totenauferweckung wesentlich intensiver erörtert wird, vor allem im Blick auf die Frage nach der Verwandlung; dabei werden die Vorstellung einer Wiederbelebung in ehemaliger Gestalt bis zum Gericht und die Auffassung einer Verwandlung der Geretteten in eine himmlische Gestalt miteinander verbunden (anders 1 Kor 15,35 ff).

3.4 An diesen Unterschieden läßt sich mehr noch als am Aufbau, der in der syrischen Baruch-Apokalypse konsequenter durchgeführt ist, erkennen, daß das 4. Esrabuch die ältere, die Baruch-Apokalypse die jüngere Schrift sein muß. Allerdings kann der zeitliche Abstand zwischen beiden nicht sehr groß sein. Beide Verfasser schreiben unter dem noch sehr lebendigen und bedrückenden Eindruck der Zerstörung Jerusalems. So wird man annehmen müssen, daß das Bekanntwerden des 4. Esrabuches den Verfasser der Baruch-Apokalypse veranlaßt hat, möglichst bald eine Schrift zu verfassen, in der er die ihm notwendig erscheinenden Korrekturen zum Ausdruck bringen konnte. Sie dürfte zu Beginn des 2. Jh. n. Chr. entstanden sein.

3.5 Beachtenswert ist im syrischen Baruch eine verstärkte Annäherung an pharisäische Auffassungen, sowohl im Blick auf das Leidensverständnis als auch im Blick auf die Eschatologie. Schon im 4. Esrabuch war hinsichtlich der Kanonvorstellung eine Abhängigkeit von dem Lehrhaus in Jabne zu erkennen. Nachdem bei der pharisäischen Reorganisation in den 90er Jahren des 1. Jh. andere Strömungen des Frühjudentums ausgeschlossen worden sind (Zeloten, Sadduzäer, Essener, Diasporajudentum), hat die Apokalyptik noch am ehesten Geltung und Einfluß behalten, so daß bestimmte Elemente apokalyptischen Denkens von der rabbinischen Tradition rezipiert worden sind, wie umgekehrt die Baruch-Apokalypse sich dieser Theologie annähert.

4 Die griechische Baruch-Apokalypse

4.1 Die Schrift steht unverkennbar in der Tradition der frühjüdischen Apokalyptik, beschränkt sich aber in der erhaltenen Gestalt auf Teilaspekte, ohne daß die apokalyptische Gesamtkonzeption noch zu erkennen wäre. Sachlich und im Blick auf den Aufbau ist die Schrift recht uneinheitlich. Entscheidend ist das Geschick der Menschen nach dem Tode; damit verbinden sich mancherlei astronomische Traditionen. Es handelt sich um eine Beschreibung von fünf Himmeln, die bei einer Himmelsreise geschaut werden (eine Beschreibung auch des sechsten und siebten Himmels, die *Origenes* voraussetzt, fehlt):

– Der erste und der zweite Himmel gehören sachlich zusammen (Kap. 2–3). Es ist der Strafort für die sündigen Menschen der Urzeit, vor allem für die, die den babylonischen Turm geplant und gebaut haben (anstelle der Vorstellung vom Engelfall).
– Der dritte Himmel ist der Bereich des Hades, wo die Gottlosen von einem Drachen verschlungen werden. Interessant ist, daß die Sünde Adams auf das „Holz" des Weinstocks und damit den Wein zurückgeführt wird (Kap. 4–5). Unverbunden stehen daneben astronomische Traditionen über die Sonne, den Sonnenwagen, den Mond und die Sterne (Kap. 6–9).
– Im vierten Himmel ist der Ort, wo die Seelen der Gerechten aufbewahrt und geläutert werden. Die dort anwesenden Vögel sind dazu bestimmt, allzeit Gott zu preisen (Kap. 10).
– Im fünften Himmel überbringt Michael die von ihm gesammelten Tugenden der Gerechten Gott als Voraussetzung für die Übergabe ihrer Seelen an Gott (Kap. 11–17).

4.2 Höchstwahrscheinlich enthielten die Schilderungen des sechsten und siebten Himmels noch alte eschatologische Traditionen. Die Schrift muß in der Mitte oder in der 2. Hälfte des 2. Jahrhunderts n. Chr. entstanden sein, ist dann aber nur in verkürzter Form erhalten geblieben. Der Text ist in dieser Form bezeichnend für die inzwischen veränderte Situation. Eine lebendige Erwartung der eschatologischen Erneuerung war nach dem enttäuschenden Ende des Jüdischen Krieges und des Bar-Kochba-Aufstandes (132–135) erloschen. Auch in der christlichen Tradition trat in dieser Zeit die Enderwartung zurück. Was aufbewahrt wurde, sind die apokalyptischen Vorstellungen von der himmlischen Welt und vom Geschick der Toten.

§ 9 Sonstige apokalyptische Überlieferungen des Frühjudentums

1 Kleinere Apokalypsen

1.1 Die Apokalypse Eliae

1.1.1 Dieser Text findet besonderes Interesse, weil nach *Origenes* und *Hieronymus* das sonst unbekannte Zitat 1 Kor 2,9 „Was kein Auge gesehen und kein Ohr gehört hat und in keines Menschen Herz gekommen ist, was Gott bereitet hat denen, die ihn lieben" aus der Elia-Apokalypse stammen soll. In den erhaltenen Textfragmenten ist es jedoch nicht nachweisbar (es gibt mehrere biblische und außerbiblische Texte, die mit dieser Stelle bei Paulus zumindest verwandt sind). Wir besitzen von der Elia-Apokalypse einen relativ umfangreichen koptischen Text aus dem 4./5. Jh. (seit 1885 bekannt), ein lateinisches Fragment aus dem 8. Jh. und ein griechisches Fragment aus dem 13. Jh. Eine Übersetzung von *Wolfgang Schrage* findet sich in „Jüdische Schriften aus hellenistisch-römischer Zeit" Bd. V, Lieferung 3, Gütersloh 1980.

1.1.2 Die Apokalypse ist vermutlich im 4. Jh. christlich überarbeitet worden. Die in griechischer Sprache abgefaßte jüdische Grundschrift geht auf das 2., spätestens das beginnende 3. Jh. n. Chr. zurück, verwendet aber weitgehend älteres Material.

1.1.3 Der Text schildert die eschatologischen Drangsale, das endzeitliche Auftreten Henochs und Elias, das Erscheinen des Antichrists (griechisches Fragment) und die Höllenstrafen der Heiden (lateinisches Fragment). Visionen gibt es in dieser Apokalypse nicht, nur Auditionen. Berührungen mit dem Neuen Testament verweisen auf gemeinsame Tradition, nicht jedoch auf Abhängigkeit von den christlichen Schriften.

1 Kleinere Apokalypsen

1.2 Die Apokalypse Abrahams

1.2.1 Diese Schrift ist nur in einer slavischen Tochterübersetzung bekannt, die in zwei Formen überliefert ist; die Handschriften stammen aus dem 14.–17. Jh. Der Text geht zurück auf eine wohl im 2. Jh. n. Chr. verfaßte griechische Vorlage, die ihrerseits ein vielleicht Ende des 1. Jh. entstandenes semitisches Original voraussetzt, wie Wortspiele noch erkennen lassen. Diese Apokalypse liegt in einer Übersetzung von *Belkis Philonenko-Sayar* und *Marc Philonenko* vor in „Jüdische Schriften aus hellenistisch-römischer Zeit" Bd. V, Lieferung 5, Gütersloh 1982.

1.2.2 Die Abraham-Apokalypse setzt sich aus drei Teilen zusammen, von denen nur der zweite und der dritte Teil apokalyptischen Charakter tragen. Der erste Teil enthält eine Haggada über Abrahams Bekehrung zum wahren Gottesglauben (Kap. 1–8). Im zweiten Teil geht es im Zusammenhang mit Isaaks Darbringung zuerst um die Erscheinung eines guten Engels Jaoel und eines bösen Engels mit Namen Asasel (Kap. 9–14). Dann folgt eine Himmelsreise Abrahams mit der Schau des himmlischen Thrones Gottes (Kap. 15–29). Der Schlußteil beinhaltet nach Abrahams Rückkehr eine ihm aufgetragene Vorhersage der endzeitlichen Drangsal (Kap. 30f mit dem typologisch verwendeten Motiv der 10 Plagen).

1.3 Die Apokalypse Zephanjas (Sophonias)

1.3.1 Dieser apokalyptische Text ist griechisch überliefert, geht aber höchstwahrscheinlich auf eine semitische Vorlage zurück. Entstanden ist er wohl im 2. Jh. n. Chr., wie sich aus Berührungen mit dem 4. Esrabuch und der Baruch-Apokalypse schließen läßt. Später wurde er christlich überarbeitet. Die Schrift fehlt noch in „Jüdische Schriften aus hellenistisch-römischer Zeit". Eine Übersetzung liegt vor bei *Paul Rießler*, Altjüdisches Schrifttum außerhalb der Bibel, Augsburg 1928 (Nachdruck 1966), S. 168–177.

1.3.2 Der Text ist dreiteilig: Er beginnt mit einer Schilderung der Hölle und der Höllenstrafen (Kap. 1–8). Es folgt ein Gebet des Zephanja, woraufhin ihm eine Schriftrolle gezeigt wird, auf der alle Verfehlungen verzeichnet sind; danach wird das Gericht geschildert, bei dem gute und böse Taten eines jeden gegeneinander abgewogen werden (Kap. 9–13). Zuletzt geht es um den Strafort und die Durchführung des göttlichen Gerichts, das auch durch die Fürbitten der Gerechten nicht aufgehalten werden kann (Kap. 14–18).

1.4 Das Apokryphon Ezechiel

1.4.1 Der Text ist im ganzen nicht erhalten. Wir besitzen nur ein längeres und drei kurze griechische Fragmente aus Schriften der Kirchenväter (*Epiphanius, Johannes Climacus, Gregor von Nyssa* und anderen). Auch *Josephus* scheint es zu kennen, da er von zwei Ezechiel-Büchern spricht (Ant X § 79). Eine deutsche Übersetzung von *Karl-Gottfried Eckart* liegt vor in „Jüdische Schriften aus hellenistisch-römischer Zeit" Bd. V, Lieferung 1, Gütersloh 1974, S. 45–55.

1.4.2 Das längere Fragment 1 enthält eine Gleichniserzählung über einen Lahmen und einen Blinden, die miteinander etwas Unrechtes getan haben und sich gegenseitig überführen. Daraus wird gefolgert: „So ist der Leib an die Seele und die Seele an den Leib gebunden ... und das vollkommene Gericht ergeht über beide" (V. 17).

1.4.3 In den sehr kurzen Fragmenten 2 und 3 geht es um Gericht und um Aufruf zur Umkehr. Nur hier liegt apokalyptische Tradition vor. Spezielles Interesse hat in der Frühzeit der Kirche das 4. Fragment gefunden: „Siehe, die Kuh hat geboren und hat nicht geboren", weil dies auf die Jungfrauengeburt bezogen wurde.

1.5 Zur christlichen Rezeption und Überarbeitung

Wie das 4. Esrabuch christlich gerahmt und die griechische Baruch-Apokalypse christlich ergänzt wurde, so sind auch die hier besprochenen apokalyptischen Schriften durch christliche Einschübe oder Überarbeitungen gekennzeichnet; eine Ausnahme macht nur das allerdings fragmentarisch überlieferte Apokryphon Ezechiel. Das ist ein klarer Hinweis darauf, daß diese Schriften nicht von Juden, sondern von Christen aufbewahrt und weitergegeben wurden (wie ja auch die Septuaginta).

2 Apokalyptisch beeinflußte frühjüdische Schriften

2.1 Die Testamente der Zwölf Patriarchen

2.1.1 Es handelt sich um eine recht verbreitete Schrift, von der zahlreiche Handschriften vorhanden sind. Vgl. die Übersetzung von *Jürgen Becker* in „Jüdische Schriften aus hellenistisch-römischer Zeit" Bd. III, Lieferung 1, Gütersloh 1974.
2.1.2 Die Testamente der Zwölf Patriarchen stehen in paränetischer Tradition. Wie in der sonstigen Patriarchenliteratur geht es um Ermahnung der Nachfahren. An Einzelstellen sind auch apokalyptische Motive aufgenommen, vor allem dort, wo es um das Gericht geht.

2.2 Das Jubiläenbuch

2.2.1 Das Jubiläenbuch geht auf eine hebräische Fassung zurück, von der in Qumran zahlreiche Fragmente gefunden wurden. Wir besitzen darüber hinaus Fragmente einer griechischen und einer syrischen Übersetzung und Teile einer lateinischen Tochterübersetzung. Vollständig erhalten ist es nur in einer äthiopischen Tochterübersetzung. In deutscher Fassung erschien es in der Bearbeitung von *Klaus Berger* in „Jüdische Schriften aus hellenistisch-römischer Zeit" Bd. II, Lieferung 3, Gütersloh 1981.
2.2.2 Es handelt sich um einen Midrasch über die Urgeschichte, die Geschichte der Erzväter und die Gesetzgebung am Sinai. Der umfangreiche Text ist in seiner typologischen Intention mit der Apokalyptik verwandt. Aber es geht nicht um spezifisch apokalyptische Themen, sondern um die Kalenderfrage; von der Urgeschichte her wird der Sonnenkalender begründet. Darin ist diese Schrift mit den Qumrantexten verwandt.

2.3 Die Qumranschriften

2.3.1 Die Qumranschriften, soweit sie spezifisch für die Qumrangemeinschaft sind, gehören nicht zu den apokalyptischen Texten. Das zeigt sich allein daran, daß eine irdische Heilszeit und eine Restitution des Tempelkults erwartet wird. Auch bei 1 QM, der Kriegsrolle, handelt es sich um eine der Heilszeit vorausgehende irdische Auseinandersetzung und Überwindung des Bösen. Was die Qumrantexte mit den apokalyptischen Schriften verbindet, ist das ausgeprägt dualistische Denken; es geht hier aber vornehmlich um einen ethischen Dualismus, verursacht durch den „Geist der Wahrheit" und den „Geist der Lüge", nicht um die Polarität von der dem Unheil verfallenen irdischen und der kommenden himmlischen Welt.

2.3.2 Immerhin gibt es unter den Qumranfragmenten Texte, die einen apokalyptischen Charakter haben. Zu den apokalyptischen Fragmenten zählen vor allem 4 Q Myst, 4 Q Amram, 11 Q Melch. Auch sonst ist unter den Qumranfunden Literatur nachweisbar, die nicht als typisch für die Qumrangemeinschaft bezeichnet werden kann, wohl aber in deren Bibliothek aufbewahrt wurde.

3 Die Oracula Sibyllina

3.1 Bei den Oracula Sibyllina handelt es sich um eine höchst komplexe Überlieferung, die insgesamt nicht typisch für die Apokalyptik ist, jedoch apokalyptische Einflüsse erkennen läßt. Sibyllinische Weissagungen wurden ursprünglich von umherziehenden Frauen verkündet, dann an bestimmten Heiligtümern lokalisiert (Delphi, Erythrai in Kleinasien, Cumae in der Nähe von Neapel). Sibyllinische Bücher wurden zuerst in Rom gesammelt, sind dort im Jahre 83 v. Chr. bei einem Brand des Jupitertempels vernichtet, dann aber wieder neu zusammengestellt worden. Neben den heidnischen Orakeln, von denen nur wenige Bruchstücke erhalten blieben, gab es jüdische und christliche Sibyllinen, die wie die heidnischen in Hexametern abgefaßt worden sind. Die christlichen Orakel setzen die jüdische Schrift voraus und haben diese fortgeschrieben.

3 Die Oracula Sibyllina

3.2 Von den erhaltenen Oracula Sibyllina gehen die Rahmenstücke in Buch I und II sowie in XI–XIV auf eine jüdische Grundlage zurück, sind aber christlich stark überarbeitet. Buch III ist rein jüdisch, die Bücher IV und V sind jüdisch, enthalten jedoch christliche Zusätze. Rein christlich sind die Bücher VI–VIII (IX und X sind nicht vorhanden). Teile der Oracula waren schon den Kirchenvätern bekannt; so gibt es Zitatfragmente bei *Theophilus*, Ad Autolicum (Ende des 2. Jh.), bei *Lactanz*, Divinae institutiones (Anfang des 4. Jh.), und bei *Eusebius*, Constantini oratio ad coetum sanctorum (als Anhang der Vita Constantini, 4. Jh.). Mehr oder weniger vollständige Handschriften stammen aus dem späten Mittelalter. Dabei werden drei Handschriftengruppen unterschieden; vgl. die Textausgabe von *Johannes Geffcken*, Oracula Sibyllina, Leipzig 1902 (Nachdruck 1967). Eine deutsche Übersetzung der jüdischen Teile von *Friedrich Blaß* liegt vor bei Emil Kautzsch, Apokryphen und Pseudepigraphen des Alten Testaments II, Tübingen 1900, S. 177–217 (Bücher III–V). In „Jüdische Schriften aus hellenistisch-römischer Zeit" fehlen die Oracula Sibyllina noch.

3.3 Die jüdischen Sibyllinen gehen auf das ägyptische Judentum zurück, wie aus Textbezügen zu entnehmen ist. Sie haben eine doppelte Absicht: Einerseits wollen sie jüdische Auffassungen im hellenistischen Gewand verbreiten, andererseits jüdische Tradition mit verwandten heidnischen Auffassungen verschmelzen. Die Sibylle gilt als Schwiegertochter Noachs (III 826).

3.4 Im Vordergrund der Sibyllinen stehen die Polemik gegen den heidnischen Götzendienst und Ermahnungen zum Glauben an den einen wahren Gott. Dazu kommen Rückblicke auf die Geschichte der Menschheit, darunter auch die Sintflut und den Turmbau zu Babel. Apokalyptische Elemente tauchen vor allem dort auf, wo es um die Androhung von Katastrophen und die Vorhersage des Weltendes geht.

III Urchristliche Apokalyptik

§ 10 Apokalyptische Voraussetzungen und Grundstrukturen im Neuen Testament

1 Johannes der Täufer

1.1 Es ist unverkennbar, daß Johannes der Täufer in der Tradition der apokalyptischen Prophetie steht. Die Art und Weise, wie er das bevorstehende Handeln Gottes verkündigt, läßt sich nur von dorther begreifen. Was ihn auszeichnet, ist eine Gerichtsankündigung, die sich mit einer unmittelbaren Naherwartung verbindet: Schon ist die Axt bereitgelegt, um die Bäume zu fällen, die keine Frucht tragen (Mt 3,10∥Lk 3,9; vgl. Mt 3,12∥Lk 3,17).

1.2 Das bedeutet nicht, daß in seiner Verkündigung eine Heilserwartung fehlt. Das Bestehenkönnen im Gericht ist die Voraussetzung des künftigen Heils. Johannes läßt daher einen letzten Ruf zur Umkehr ergehen (Mt 3,7f∥Lk 3,7.8a). Wer seine Sünden bekennt und zu einem gottgehorsamen Leben bereit ist, wird im Gericht nicht zuschanden werden (Mk 1,4f parr). Die Berufung auf die Abrahamskindschaft nützt dagegen nichts (Mt 3,9∥Lk 3,8b).

1.3 Im Zusammenhang mit der Gerichts- und Umkehrpredigt steht die Taufe des Johannes. Als Akt des Untergetauchtwerdens durch einen Täufer ist sie ein Novum gegenüber den rituellen Waschungen des Alten Testaments und des Judentums, die jeder an sich selbst vollzog. Dasselbe gilt für ihren eschatologischen Horizont. Sie ist keine regelmäßige kultische Reinigung, sondern ein einmaliger Akt der Versiegelung (vgl. Ez 9,4; Offb 7,2f; 14,1): Wer zur Umkehr bereit ist, erhält mit der Wassertaufe die Zusage, daß er bei der Feuertaufe des Gottesgerichts Vergebung seiner Sünden und Heil empfangen wird (Mt 3,11a.c∥Lk 3,16a.c).

1.4 Johannes versteht sich als der Gottesbote, der unmittelbar vor dem Ende der Welt auftritt und das Kommen Gottes vorbereitet. Er ist nicht der Wegbereiter eines Messias, sondern der Wegbereiter Gottes (Mt 3,11b∥Lk 3,16b).

Das geht auch aus der Ankündigung der Geburt des Johannes hervor, bei der es heißt: „Er wird viele Kinder Israels bekehren zu dem Herrn, ihrem Gott, und er wird einhergehen vor ihm (sic) im Geist und der Kraft Elias" (Lk 1,16f). Erst in christlicher Tradition ist er zum Vorläufer Jesu geworden (vgl. das christologisch veränderte Zitat aus Jes 40,3 in Mk 1,3 parr). Nicht zufällig gab es noch zur Zeit des Urchristentums Johannesjünger; sie haben sich nur zum Teil der christlichen Gemeinde angeschlossen (vgl. Apg 19,1–7). Die Anfrage des gefangenen Täufers bei Jesus, ob er „der Kommende" sei (Mt 11,2f par), läßt ebenfalls erkennen, daß Johannes seinen Auftrag als Endzeitprophet verstanden hat, ohne daß damit eine messianische Erwartung verbunden war. Er steht in der Tradition der theozentrischen Prophetie.

2 Jesus von Nazareth

2.1 Bei Johannes dem Täufer ist es die Gerichtsbotschaft, die in deutlichem Zusammenhang mit der Apokalyptik steht, bei Jesus die Botschaft von der „Herrschaft Gottes" bzw. dem „Reich Gottes" (βασιλεία τοῦ θεοῦ, מלכות אל). Schon im Danielbuch handelt es sich um deren endzeitliche Durchsetzung. Es ist eine jenseitige Wirklichkeit, bei der es allein um Gott und sein Heilshandeln geht. Wie Johannes der Täufer, von dem er sich taufen ließ, setzt Jesus eine theozentrische Eschatologie voraus: Die Verwirklichung des Heils ist ausschließlich Gottes Werk. Daß Jesus von der Apokalyptik herkommt, zeigt sich ebenso in der Erwartung der Totenauferweckung, der Vorstellung eines Jüngsten Gerichtes und der Auffassung der endgültigen himmlischen Heilsgemeinschaft (vgl. Mk 12,18–27 parr; Mt 25,31–46; Mk 14,25 parr). Auch eine Aussage wie die über den Satan, den er vom Himmel stürzen sah, ist nur im Zusammenhang der Apokalyptik verständlich (Lk 10,18).

2.2 Was Jesus, anders als Johannes, von der Apokalyptik fundamental unterscheidet, ist die Tatsache, daß für ihn das Heil Gottes und damit die Erneuerung der Welt nicht erst bevorsteht, sondern sich hier auf Erden bereits zu verwirklichen beginnt. Er proklamiert den Anbruch des endzeitlichen Heils, das jetzt schon die Menschen erfaßt, obwohl die Vollendung zukünftig und jenseitig bleibt. Das lassen seine Gleichnisse, vor allem die sogenannten Wachstumsgleichnisse in Mk 4 parr, deutlich erkennen: Es geht bei der Gottesherrschaft um ein gegenwärtiges Geschehen, das zu einer herrlichen Zukunft hinführt, auch wenn es jetzt noch gefährdet oder unscheinbar ist (Säemannsgleichnis, Senfkorngleichnis). Deshalb verkündigt er nicht nur die Nähe des Heils, sondern dessen schon erfahrbare gegenwärtige Wirklichkeit: „Wenn ich mit dem Finger Gottes Dämonen austreibe, dann ist die Herrschaft Gottes bereits zu euch gelangt" (Lk 11,20). Oder er proklamiert: „Das Reich Gottes ist mitten unter euch" (Lk 17,21). Dasselbe besagt die Zusammenfassung seiner Predigt in Mk 1,15: „Die Zeit ist erfüllt; die Herrschaft Gottes ist (nahe)gekommen. Kehrt um und glaubt an das Evangelium!". Seine Freiheit gegenüber dem Gesetz, seine Wunder und Taten machen deutlich, daß mit seinem Kommen die eschatologische Erneuerung anbricht (vgl. Mk 2,21f parr).

2.3 Die Verbindung einer apokalyptisch verstandenen Vollendungshoffnung mit einer Heilsverwirklichung in der Gegenwart macht deutlich, daß die für die frühjüdische Apokalyptik kennzeichnende Grundkonzeption einer alten und sie ablösenden neuen Welt zerbrochen ist. Für die frühjüdische Prophetie war ja kennzeichnend, daß es in der diesseitigen Welt kein Heil geben kann, sondern daß der Mensch unter den Folgen der Sünde zu leben und zu leiden hat und daß es nur die Hoffnung auf Heil und Glaubensbewährung gibt. An die Stelle dieses einseitig zukunftsorientierten Heilsverständnisses tritt bei Jesus die aktuelle Heilszusage und Heilserfahrung. Das in der Gegenwart verwirklichte Heil wird von ihm als Prolepse, als Vorwegnahme des endgültigen Gotteshandelns verstanden, wie die Bedeutung seiner Tischgemeinschaften zeigt (vgl. Jes 25,6). Das schließt die Zukunftserwartung keineswegs aus, sondern versteht sie als Vollendung des bereits anbrechenden Heils.

2.4 Angesichts der Proklamation und Verwirklichung gegenwärtigen Heils treten bei Jesus charakteristische Elemente der apokalyptischen Tradition zurück. Es gibt keine Schilderungen der himmlischen Welt, es fehlen ausführliche Beschreibungen der Drangsal und des Gerichts, auch die Heilsvollendung wird nur in knappen Bildern umschrieben (zu Mk 13 parr s.u.). Entscheidend sind nicht die zahllosen traditionellen Vorstellungen, die der Stärkung des Glaubens dienten, sondern allein das konkrete Widerfahrnis der in die Welt eingreifenden Gottesherrschaft. Angesichts der Heilsgegenwart tritt auch die Geschichte der Welt zurück, so sehr das biblische Verständnis der Schöpfung, die Geschichte und Traditionen des alten Bundes bedeutsam bleiben. Jesu Auftreten und Wirken ist nur im Zusammenhang mit der Heiligen Schrift Israels zu verstehen, auch wenn diese im Rahmen der apokalyptischen Prophetie des Frühjudentums verstanden wurde. Vor allem hat er das Zeugnis der Schrift und die nachbiblische Tradition im Lichte seines eigenen Auftrags aktualisiert. Mit dem Anbruch der Gottesherrschaft erfüllt sich für ihn die gesamte Erwählungs- und Verheißungsgeschichte Israels, indem alles in den Zusammenhang der sich realisierenden endzeitlichen Heilswirklichkeit rückt.

2.5 Der theozentrischen Verkündigung Jesu entspricht es, daß er selbst sich nicht als königlichen Messias oder als himmlischen Menschensohn, sondern ähnlich wie Johannes der Täufer als bevollmächtigten Gottesboten verstanden hat, der allerdings im Unterschied zu diesem weniger den Auftrag hat, das bevorstehende Gericht, sondern das anbrechende Heil zu verkündigen. Seine Proklamation des bereits gegenwärtig werdenden Heils setzt allerdings ein Vollmachtsbewußtsein voraus, das weder mit der Aufgabe eines Endzeitpropheten noch mit der Funktion eines traditionellen Heilsmittlers umschrieben werden konnte. Nicht zufällig wird daher die Frage gestellt: „Wer ist dieser?" (Mk 4,41b). Zu Lebzeiten Jesu sind darauf versuchsweise sehr unterschiedliche Antworten gegeben worden (vgl. Mk 8,27–29 parr). Erst in nachösterlicher Zeit erfolgte mit dem christologischen Bekenntnis eine eindeutige Stellungnahme, die dann aber zugleich eine Transformation der herkömmlichen Erwartungen eines Heilsmittlers war.

3 Die urchristliche Verkündigung

3.1 Die nachösterliche Gemeinde hat Jesu Botschaft weitergegeben. Sie verband diese mit dem Bekenntnis zu Jesu Person als Heilsmittler. Jesu eigene, von der Apokalyptik abhängige und sie gleichzeitig modifizierende Verkündigung blieb dabei die entscheidende Grundlage der nachösterlichen Theologie. Daß es gegenwärtiges Heil und eine zukünftige Heilsvollendung im Sinn einer Totalerneuerung gibt, ist für die gesamte Urchristenheit maßgebend. Es galt nun aber auch, die verschiedenen Dimensionen der Botschaft Jesu zu explizieren. Apokalyptische Vorstellungen ermöglichten es, die christliche Botschaft im einzelnen zu entfalten. Die apokalyptische Grundstruktur ist in allen Überlieferungen deutlich zu erkennen. Es zeigt sich, daß nicht nur Johannes der Täufer und Jesus in der Tradition der Apokalyptik standen, sondern ebenso die Urchristenheit. Die bekannte These von *Ernst Käsemann*, die Apokalyptik sei die „Mutter aller christlichen Theologie", ist insofern durchaus zutreffend.

3.2 Schon bei der Ausbildung der Christologie spielten apokalyptische Vorstellungen eine wichtige Rolle. So wurde Jesus in ältester nachösterlicher Tradition als wiederkommender „Herr" und als endzeitlicher „Menschensohn" verstanden. Das geht aus dem alten Gebetsruf „Maranatha", „unser Herr, komm!", hervor sowie aus der von Matthäus und Lukas neben dem Markusevangelium verwendeten Spruchquelle (Logienquelle Q), wo die Sammlung der Worte Jesu mit der Auffassung von seiner Person als „Menschensohn" verbunden ist. Bezeichnet die Anrede „Herr" das Verhältnis zu den Jüngern, so handelt es sich bei der Bezeichnung „Menschensohn" um eine Übernahme aus apokalyptischer Tradition. Veranlaßt war das dadurch, daß Jesus selbst vom „Menschensohn" gesprochen hat, allerdings ohne sich mit ihm zu identifizieren. Nach Lk 12,8(f) vertritt der „Menschensohn" Gott beim Jüngsten Gericht und macht die gegenwärtige Stellungnahme der Menschen zu Jesu Botschaft und Person zum Kriterium für das Heil: „Wer sich vor den Menschen zu mir bekennt, zu dem wird sich auch der Menschensohn vor den Engeln Gottes bekennen". Da mit Jesu Aufnahme in den

Himmel sich die Erwartung seiner Wiederkunft verband, hat man ihn alsbald mit dem endzeitlich wirkenden „Menschensohn" gleichgesetzt (vgl. Lk 17,24.26f par oder Mk 14,62 parr). Das führte dann schrittweise dazu, daß auch vom irdischen Jesus als vollmächtigem „Menschensohn" gesprochen wurde (so schon in der Logienquelle; vgl. nur Lk 12,10 par) und daß man schließlich auch Leiden, Sterben und Auferstehung mit seiner Funktion als „Menschensohn" in Beziehung setzte, wie aus den Leidensweissagungen bei Markus (mit Parallelen) hervorgeht. Der apokalyptische Horizont der Christologie ist unverkennbar.

3.3 Ebenso wurde die Zukunftserwartung mit Hilfe apokalyptischer Traditionen ausgebaut. Das betraf vor allem Tod und Auferweckung sowie das bevorstehende Ende der Welt. An dieser Stelle ist eine besonders intensive Abhängigkeit von der apokalyptischen Denkvoraussetzungen zu erkennen. Das gilt auch noch dort, wo die spezifisch apokalyptische Denkweise zurückgedrängt und durch andere Denkmodelle ersetzt wird. So ist nicht zu übersehen, daß etwa im Johannesevangelium Motive begegnen, die bei aller Transformation nur von der Apokalyptik her zu verstehen sind, wie allein die Rede vom Sterben, vom Auferstehen und vom ewigen Leben erkennen läßt (vgl. nur Joh 5, 24f; 11,25f).

3.4 Die apokalyptische Grundstruktur der urchristlichen Verkündigung zeigt sich nicht zuletzt darin, daß es grundsätzlich um die Relation zwischen Heilsgegenwart und Heilszukunft geht. Die Näherbestimmung dieser Relation wurde im Urchristentum unterschiedlich bestimmt. Neben einer etwa gleich starken Betonung von Heilsgegenwart und Heilszukunft (so z.B. bei Paulus), gab es eine vorrangige Hervorhebung des gegenwärtigen Heils (so vor allem im Johannesevangelium, aber auch im lukanischen Doppelwerk); ebenso kam es zu einer intensiveren Blickrichtung in die Zukunft (Mk 13∥Mt 24–25; Johannesoffenbarung). Vor allem bei der Zukunftsorientierung sind verstärkt apokalyptische Motive berücksichtigt worden. Das zeigt sich auch in Spätschriften des Neuen Testaments. Man darf nicht von der Voraussetzung ausgehen, daß das apokalyptische Denken nur in der Anfangszeit eine besondere Rolle gespielt habe und dann zurückgedrängt worden sei. Es ist unübersehbar, daß gerade in der 2. Hälfte des 1. Jahrhunderts die apokalyptischen Vorstellungen wieder eine zunehmende Bedeutung gewannen, weswegen geradezu von einer Tendenz der Reapokalyptisierung in der spätapostolischen Zeit gesprochen werden kann.

3.5 Es ist im vorliegenden Zusammenhang nicht beabsichtigt, die Transformation apokalyptischer Vorstellungen darzustellen, die sich mit Hilfe des im hellenistischen Judentums ausgebildeten Denkens vollzog. Vielmehr sollen diejenigen neutestamentlichen Texte behandelt werden, in denen eine deutlich erkennbare Abhängigkeit von apokalyptischer Tradition festgestellt werden kann. Das ist vor allem bei Paulus und in der Paulusschule sowie in der sogenannten synoptischen Apokalypse und der Johannesoffenbarung der Fall.

§ 11   Apokalyptische Elemente bei Paulus

1   Paulus als Jude und als Christ

1.1   Paulus selbst bezeichnet sich als ehemaligen Pharisäer (Phil 3,5). Im Blick auf die für ihn zentrale Gesetzesproblematik wirkt dieser Sachverhalt bis in seine christliche Zeit spürbar nach. Ob und inwieweit Paulus auch mit der apokalyptischen Prophetie vertraut war, ist aufgrund einer Selbstaussage nicht erkennbar. Da die Pharisäer ebenso wie die Trägerkreise der apokalyptischen Tradition von den „Asidäern" herkamen, ist zumindest mit einer gewissen Nähe und Verwandtschaft zu rechnen, wie das auch bei dem 4. Esrabuch und der syrischen Baruch-Apokalypse festzustellen war. In Apg 23,6f ist zudem bezeugt, daß hinsichtlich der Totenauferweckung ein Konsens mit den Pharisäern bestand, was bedeutet, daß zumindest in der Eschatologie Übereinstimmungen vorlagen. So ist damit zu rechnen, daß Paulus bereits als Jude mit apokalyptischen Vorstellungen vertraut war.

1.2   Paulus hat nach seiner Bekehrung die älteste urchristliche Überlieferung übernommen. Das betraf nicht nur das christologische Bekenntnis, sondern ebenso die mit der Christologie in unlösbarer Verbindung stehende eschatologische Erwartung. Der Apostel ist dabei, wie seine Briefe zeigen, einer christlich adaptierten Apokalyptik begegnet, die er übernommen und weitergeführt hat. Er macht allerdings vom apokalyptischen Denken und den entsprechenden Vorstellungen keinen ausschließlichen Gebrauch. Paulus ist in seiner Verkündigung und theologischen Reflexion auch von Grundgedanken geprägt, die keine apokalyptische Wurzel haben; das ist einmal seine in Zusammenhang mit der Christusbotschaft stehende Rechtfertigungslehre, sodann seine Auffassung von der Zugehörigkeit der Glaubenden zu dem einen Leib Christi. Aber diese Elemente werden von ihm in einen apokalyptischen Gesamtzusammenhang eingeordnet. So ist festzustellen, daß Paulus in jedem Fall von einer apokalyptischen Denkweise herkommt.

2 Apokalyptische Motive im Zusammenhang von Gegenwartsaussagen

2.1 Sehr bezeichnend ist, daß Paulus vom „gegenwärtigen Äon", dem αἰὼν οὗτος, sprechen kann, aber nirgendwo vom „kommenden Äon" (vgl. Röm 12,2; 1Kor 1,20; 2Kor 4,4). Das apokalyptische Schema einer jetzigen und einer zukünftigen neuen Welt fehlt. Das hängt eindeutig damit zusammen, daß für den Apostel der gegenwärtige Äon zwar noch von der Macht der Sünde und des Bösen bestimmt wird, aber der kommende Äon als „neue Schöpfung" bereits angebrochen ist (καινὴ κτίσις, 2Kor 5,17).

2.2 Aufschlußreich ist sodann die Anwendung der Adam-Christus-Typologie in Röm 5,12–21. Zwar geht es um die Entsprechung von Urzeit und Endzeit, aber der antithetische Bezug von Adam auf Christus betrifft hier nicht die Heilszukunft, sondern das gegenwärtig bereits realisierte Heil.

2.3 Die Vorstellung vom himmlischen Jerusalem, die in der Apokalyptik im Blick auf die zukünftige Heilsoffenbarung eine wichtige Rolle spielt, ist in Gal 4,21–31 bezeichnenderweise so angewandt, daß es um die gegenwärtige Zugehörigkeit zum „oberen Jerusalem" als „unserer Mutter" geht; wir erhalten dadurch Teilhabe am Heil und an der Freiheit.

2.4 Paulus steht in einer Tradition, in der der Begriff der „Rettung" (σωτηρία) auf die Heilsvollendung bezogen ist. Das kommt z.B. deutlich in Röm 5,8–10 zum Ausdruck, wo die gegenwärtig erfahrene Rechtfertigung und Versöhnung in Beziehung gesetzt ist zum künftigen Gerettetwerden (σωθῆναι, vgl. die Verwendung von σωτήρ in Phil 3,20). Gleichwohl sagt er in Röm 8,24: „Kraft der Hoffnung sind wir gerettet" (τῇ γὰρ ἐλπίδι ἐσώθημεν), und in 2Kor 6,2 wendet er das Zitat aus Jes 49,8, das vom „Tag der Rettung" spricht, so an, daß er formuliert: „Siehe, jetzt ist der Tag der Rettung" (ἰδοὺ νῦν ἡμέρα σωτηρίας).

2.5 Zu beachten ist noch, daß Paulus das apokalyptische

Motiv der dem Ende vorangehenden Drangsal nur vereinzelt verwendet. Das ist der Fall in Röm 8,18–23. In der Regel geht es ihm darum, daß alle Leiden und alle Bedrängnis in Zusammenhang mit der Christusgemeinschaft stehen; sie sind ein „Mitleiden" mit dem Herrn (vgl. 2Kor 4,10; Phil 3,10; Röm 8,17, dazu die sogenannten Peristasenkataloge in 1Kor 4,9–13; 2Kor 6,3–10).

2.6 Alle diese Texte zeigen, daß es bei Paulus um ein Verständnis der Heilsgegenwart geht, die als ein partieller Vollzug der künftigen Heilsvollendung zu verstehen ist. Die jetzt schon gewährte Heilsteilhabe ist eine Vorwegnahme der endzeitlichen Wirklichkeit, auch wenn diese Teilhabe noch unter dem Vorzeichen der irdischen Existenz und des Leidens steht (vgl. 2Kor 4,7).

3 Apokalyptische Traditionen in Endzeitaussagen

3.1 Einzelmotive

3.1.1 Traditionell ist der eschatologische Ausblick am Ende einer Ermahnung, die den Charakter einer usuellen Paränese hat, wie sie in charakteristischer Ausprägung in 1Petr 4,7–11 und in Jak 5,7–11 vorliegt. Bei Paulus begegnet ein solcher traditioneller Ausblick in Röm 13,11–14, einem Abschnitt, dessen zentrale Aussage lautet, daß die Nacht vorangeschritten und der Tag nahegekommen sei, ja, daß das Heil inzwischen näher ist als zur Zeit des Gläubigwerdens. Dem entspricht die genuin paulinische Formulierung in 1Kor 7,29a.31b, wonach die Zeit kurz ist und daß die Gestalt dieser Welt vergeht. In beiden Fällen wird im übrigen erkennbar, daß der Apostel die Naherwartung der ältesten Gemeinde teilt.

3.1.2 Traditionelle Motive tauchen auch auf, wo es um das Endgericht geht; so Röm 2,5–11; 3,4; 14,10f u. ö. Ein typisch apokalyptisches Motiv begegnet in 1Kor 6,2: „Wißt ihr nicht, daß die Heiligen die Welt richten werden?", eine Vorstellung, die in Zusammenhang mit dem Logion Lk 22, 30∥Mt 19,28 vom Sitzen der Jünger auf Thronen beim Gericht steht. Wie Paulus selbst den Gerichtsgedanken aufgreift und interpretiert, zeigt 1Kor 3,12–15.

3.2 Der Abschnitt 1Thess 4,13–5,11

3.2.1 In dem ersten Teilabschnitt 4,13–18 wird deutlich, daß Paulus eine vorgegebene apokalyptische Tradition aufnimmt und argumentativ ausbaut. Es geht um ein Trostwort angesichts unerwarteter Todesfälle.

3.2.1.1 Der Apostel verweist darauf, daß ebenso wie Jesus gestorben und auferstanden ist auch die in Christus Gestorbenen auferweckt und „mit ihm (zur Herrlichkeit) geführt werden" (4,14). Dann sagt er den Zurückgebliebenen mit einem „Wort des Herrn" (λόγος κυρίου), daß sie bei der Parusie den Verstorbenen nicht zuvorkommen, ihnen nichts voraushaben werden (4,15). Dieses Logion ist allerdings kaum ein authentisches Jesuswort, sondern ein charakteristisches Prophetenwort, das im Namen des erhöhten Herrn ausgesprochen worden ist (vgl. Offb 2–3). Die Aussage wird mit einer kurzen, aber typisch apokalyptischen Endzeitschilderung erläutert: „Der Herr selbst wird vom Himmel herabkommen, wenn der Befehl ergeht, der Erzengel ruft und die Posaune Gottes erschallt. Zuerst werden die in Christus Verstorbenen auferstehen; dann werden wir, die Lebenden, die noch übrig sind, zugleich mit ihnen auf den Wolken in die Luft entrückt, dem Herrn entgegen; und so werden wir allezeit beim Herrn sein" (4,16f). Abgeschlossen wird der Abschnitt mit der Aufforderung, sich gegenseitig mit diesen Worten zu trösten (4,18).

3.2.1.2 Auch hier begegnet wieder die Naherwartung. Wichtiger ist, daß Todesfälle die christliche Hoffnung nicht in Frage stellen und daß die Verstorbenen nicht benachteiligt sein werden. Grundlegend ist dafür das Bekenntnis zu Jesu Tod und Auferweckung. Entsprechend werden die „Toten in Christus" (4,16) ihrerseits teilhaben an der Totenauferweckung. Unter dieser Voraussetzung wird die apokalyptische Vorstellung vom Ablauf der Endereignisse abgewandelt: Die Auferweckung von den Toten ist mit Jesu Auferstehung bereits angebrochen und sie wird gleichzeitig für alle erfolgen, die an Christus glauben, ob sie noch am Leben oder bereits gestorben sind. Jüdisch-apokalyptische Tradition ist hier christlich modifiziert.

3.2.2 Wie Paulus sich in 1Thess 4,15 und 4,16f an vorgebene urchristliche Formulierungen anschließt, so hat er in 5,1–11 die Parusieerwartung unter Verwendung traditioneller Motive zum Ausdruck gebracht. Er beginnt mit dem aus Jesu Gleichnisrede stammenden Bild vom Dieb in der Nacht, der unerwartet kommt (5,1f). Er verbindet es mit dem aus der Apokalyptik stammenden Motiv der einsetzenden Wehen einer schwangeren Frau, was hier aber nicht auf die Zeit der eschatologischen Drangsal, sondern auf den Augenblick der unvorhersehbar kommenden Parusie bezogen ist (5,3f). Das führt Paulus dann weiter mit einer längeren Ermahnung zur Wachsamkeit und Nüchternheit, wie es den „Söhnen des Lichts" entspricht (5,5–8). Die Ausführungen münden ein in die Bekundung der Zuversicht, für das endzeitliche Heil und das künftige Leben bestimmt zu sein (5,9–11).

3.3 Die Aussagen in 1Kor 15

3.3.1 Eng verwandt mit 1Thess 4,13–18 ist 1Kor 15, vor allem der Abschnitt 15,20–28. Paulus stellt aber in diesem Kapitel alles in einen größeren Zusammenhang. Angesichts der Leugnung der Auferstehungshoffnung bezieht sich der Apostel zunächst auf das christliche Grundbekenntnis und auf die Auferstehungszeugen (15,1–11). Dann erinnert er daran, daß der Glaube an Jesu Auferweckung und die Erwartung einer Totenauferweckung unlösbar zusammengehören (15,12–19). Christus ist der „Erstling unter den Entschlafenen" geworden (15,20: ἀπαρχὴ τῶν κεκοιμημένων). Die anschließende Adam-Christus-Typologie wird hier, anders als in Röm 5,12–21, nicht auf das bereits verwirklichte Heil bezogen, sondern auf die Totenauferweckung: „Denn wie in Adam alle sterben, so werden in Christus alle lebendig gemacht werden" (15,22). Danach wird in der Art einer apokalyptischen Endzeitschilderung von der „Ordnung" (τάξις) gesprochen, nach der die Endzeitereignisse gemäß christlicher Erwartung aufeinander folgen, bis Gott selbst „alles in allem" sein wird (vgl. 15,23–28). Deutlicher noch als in 1Thess 4,14–17 ist hier die Auferweckung Jesu als Begründung für die Auferweckung der Glaubenden herausgestellt. Er ist „Erstling" und zugleich „Ursache" für die Totenauferweckung;

„in" und „durch Christus" (ἐν τῷ Χριστῷ) werden alle lebendig gemacht werden.

3.3.2 Im Unterschied zu 1Thess 4,13–18 begnügt sich Paulus in 1Kor 15 nicht damit, nur von der erhofften Auferweckung der Verstorbenen zu sprechen, sondern er erörtert auch die Frage, *wie* die Toten auferstehen werden (15,35–57).

3.3.2.1 Die Frage nach dem Wie der Auferweckung ist für Paulus die Frage nach der Leiblichkeit der Auferweckten (15,35). Er greift das Beispiel vom Samenkorn auf, das sterben muß, damit neues Leben entsteht, was nach biblischer Tradition Ausdruck für ein wunderbares Handeln Gottes ist (15,36–38). Nach dem Hinweis auf verschiedenartige irdische und himmlische Erscheinung (15,39–41) wird die Folgerung für die Auferweckung der Toten gezogen: Es wird gesät in Vergänglichkeit, auferweckt aber in Unvergänglichkeit (15,42f); es wird gesät ein „irdischer Leib" und auferweckt ein „geistlicher Leib" (15,44a: ψυχικὸν σῶμα, πνευματικὸν σῶμα). Wie es das eine gibt, so das andere (15,44b). Gemäß der Schriftaussage wurde der erste Adam als „lebendige Seele" geschaffen (ψυχὴ ζῶσα), der letzte Adam aber ist „lebendigmachender Geist" (πνεῦμα ζῳοποιοῦν) (15,45). Der erste Mensch ist der irdische, der zweite der erneuerte himmlische (15,46–48). Daraus resultiert das Bekenntnis: „Wie wir getragen haben das Bild und Wesen des irdischen, so werden wir tragen das Bild und Wesen des himmlischen" (15,49).

3.3.2.2 Nach diesen Ausführungen setzt Paulus nochmals neu ein und verweist zunächst auf die traditionelle Aussage, daß „Fleisch und Blut", das vergängliche Wesen, „die Gottesherrschaft nicht erben können" (15,50). Danach verweist er auf ein „Geheimnis" (μυστήριον), das er der Gemeinde kundtut: „Wir werden nicht alle sterben, wir werden aber alle verwandelt werden", weil sie nur so der Auferstehungswirklichkeit teilhaftig werden können. Das wird „in einem Augenblick beim Erschallen der letzten Posaune" geschehen (15,51–53). So bewahrheitet sich dann das Schriftwort aus Jes 25,8 und Hos 13,14 von der endzeitlichen Überwindung des Todes (15,54–57). Für Paulus handelt es sich dabei nicht nur um eine Frage nach der Auferweckung der Toten, sondern ebenso um eine Frage, die

die bei der Parusie noch Lebenden betrifft. In diesem Sinn greift er auf 1Thess 4,16f zurück, führt den Gedanken aber weiter. Da der Apostel ausdrücklich von einem „Geheimnis" spricht, das er der Gemeinde mitteilt (15,51f), ist zu erkennen, daß er dieses Thema wohl erstmals in die christliche Tradition aufnimmt. Er tut es in prophetischer Vollmacht, bedient sich dabei aber apokalyptischer Tradition.
3.3.3 Der Zusammenhang mit der Tradition und Vorstellungsweise der Apokalyptik ist unverkennbar. Bei der Auffassung von einem bestimmten Ablauf der Endereignisse handelt es sich um ein Thema, das in der frühjüdischen Apokalyptik häufig verhandelt worden ist. Aber auch bei der Vorstellung von der Verwandlung in eine himmlische Gestalt und Wesenheit geht es um eine Frage, die schon in vorchristlicher Zeit erörtert worden ist, wie vor allem die syrische Baruch-Apokalypse zeigt. Derartige Traditionen sind nun christologisch modifiziert in die neutestamentliche Überlieferung übernommen worden.

3.4 Phil 3,10f.20f und 2Kor 5,1–10

3.4.1 Einen analogen Gedanken wie in 1Kor 15 führt Paulus abgekürzt in Phil 3 durch. Aufgrund der Gemeinschaft mit den Leiden Christi und dem Gleichgestaltetsein mit dessen Tod erhofft er nach 3,10f die Auferweckung von den Toten. Das wird erfolgen, wenn nach 3,20f Christus als Retter (σωτήρ) aus dem Himmel kommen und unseren „Leib der Niedrigkeit" verwandeln und „seinem Leib der Herrlichkeit gleichgestalten wird". Wie in 1Kor 15,35–57 ist auch hier die endzeitliche Verwandlung der Glaubenden ein für Paulus zentrales Motiv.
3.4.2 Mit anderen Bildmotiven veranschaulicht Paulus denselben Gedanken in 2Kor 5,1–10. Hier spricht er von dem irdischen Zelt und dem ewigen nicht mit Händen gemachten Bau, nach dem wir uns sehnen. Das verbindet er dann mit dem Bild vom Gewand, mit dem wir hoffen überkleidet zu werden, „damit das Sterbliche vom Leben verschlungen werde". Auch wenn wir jetzt noch im Glauben und nicht im Schauen leben, hat Gott uns dazu bestimmt und uns als „Angeld" die Gabe des Geistes gegeben.

3.5 Die endzeitliche Hoffnung für Israel nach Röm 11

3.5.1 In Röm 9–11, dem dritten Hauptteil des Briefes, geht es um das Geschick Israels angesichts der Heilsoffenbarung in Jesus Christus. Gottes Erwählung Israels ist nicht hingefallen (9,6; 11,1), auch wenn derzeit nur ein Rest aus Israel am Heil teilbekommen hat, die Mehrheit dagegen verblendet ist (11,2–10). Dies ist Israel jedoch widerfahren, damit den Heiden der Weg zum Heil geöffnet werden kann (11,11–24). Haben die Heiden im Glauben Christus anerkannt, so daß ihre „Vielzahl" (πλήρωμα) am Heil teilhaben kann (11,11f), so gibt es für die Israeliten doch weiterhin die Möglichkeit des Heils, wenn sie „nicht im Unglauben verharren" (11,23).

3.5.2 Wie in 1Kor 15,51 spricht Paulus im anschließenden Abschnitt Röm 11,25–27(28–32) von der Kundgabe eines „Mysteriums" (μυστήριον). „Brüder, dieses Geheimnis sollt ihr wissen: Verstockung liegt auf einem Teil Israels, bis die Heiden in voller Zahl das Heil erlangt haben; dann wird ganz Israel gerettet werden, wie es in der Schrift heißt: Der Retter wird aus Zion kommen, er wird alle Gottlosigkeit von Jakob entfernen; das ist der Bund, den ich ihnen gewähre, wenn ich ihre Sünden wegnehme". Israel wird am Ende der Zeiten, bei der Parusie Christi, erneut mit Gottes Heil konfrontiert sein und daran teilhaben können. Der apokalyptische Vorstellungshintergrund ist unverkennbar. Es geht um eine Aussage über Jesu Wiederkunft im Anschluß an die Zionserwartung Jes 59,20f (ergänzt durch Jes 27,9), bei der sich die endzeitliche Errettung Israels vollziehen wird. Da Paulus diese Zukunftsverheißung in prophetischer Vollmacht ausspricht, ist er auf apokalyptische Denkmodelle angewiesen.

4 Das Verhältnis des Apostels Paulus zur Apokalyptik

4.1 Paulus steht in einer christlichen Tradition, in der apokalyptische Vorstellungselemente eine wichtige Rolle spielen, aber aufgrund der Botschaft Jesu auch schon transformiert sind. Er macht seinerseits von ihnen Gebrauch, um das Verhältnis von Heilsgegenwart und Heilszukunft genauer zu bestimmen und um die Enderwartung klar zu artikulieren. Dabei hat er die Adaption der apokalyptischen Grundstruktur sehr bewußt vollzogen. Dennoch ist die paulinische Theologie nicht ausschließlich von der Apokalyptik geprägt. Das zeigen vor allem soteriologische und ekklesiologische Inhalte seiner Verkündigung.

4.2 Es ist sehr bezeichnend, daß Paulus sich nicht nur bei Zukunftsaussagen, sondern auch bei seinen Aussagen über die Heilsgegenwart apokalyptischer Motive bedient. Das macht deutlich, daß das apokalyptische Denken seine theologische Konzeption wesentlich mitbestimmt. Bei seinen Ausführungen über die Enderwartung ist besonders interessant, daß er gerade die Thematik der Totenauferweckung und der sich dabei vollziehenden Verwandlung intensiv erörtert sowie der Hoffnung auf eine endzeitliche Bekehrung Israels Ausdruck verleiht.

§ 12   Der Zweite Thessalonicherbrief

1   Beobachtungen zur Paulusschule

1.1   Wie bei den Propheten des alten Bundes gab es auch im Urchristentum eine Bildung von Schulen. Das besagt, daß grundlegende auf einen Propheten oder Apostel zurückgehende Traditionen nicht nur weitergegeben, sondern auch weiterentwickelt wurden. Daher sprechen wir von einer johanneischen Schule, wenn es um das Verhältnis der Briefe zum Evangelium geht, oder von einer Paulusschule, wenn Briefe nicht unmittelbar von dem Apostel stammen. Aber auch die Petrusbriefe oder der Jakobusbrief sind keine authentischen Schreiben, sondern sind in der von Petrus oder dem Herrenbruder Jakobus ausgehenden Schultradition entstanden und davon geprägt. Daß Schriften dieser Art dann unter dem Namen dessen verfaßt wurden, der für diese Tradition maßgebend war, entspricht ebenso biblischer wie sonstiger antiker Praxis, wie das die auf David zurückgeführten Psalmen, die von Salomo hergeleiteten Proverbien oder Plato in seinem Verhältnis zu Sokrates zeigen.

1.2   Von den dreizehn Briefen, die unter dem Namen des Paulus überliefert wurden, sind sieben zweifellos auf den Apostel selbst zurückzuführen. In chronologischer Reihenfolge sind das der 1. Thessalonicherbrief, der Galaterbrief, die beiden Korintherbriefe, der Philipper- und der Philemonbrief sowie der Römerbrief. Die anderen sechs Briefe gehen auf Paulusschüler zurück, die wir namentlich nicht mehr identifizieren können. Sie setzen paulinische Tradition voraus, die auf die nachpaulinische Situation bezogen und theologisch modifiziert worden ist. Dabei handelt es sich keineswegs um eine einheitliche Weiterführung der Paulustradition, man kann vielmehr drei Richtungen unterscheiden: Der 2. Thessalonicherbrief läßt deutlich erkennen, daß er in einem Umfeld entstanden ist, in dem das apokalyptische Denken eine wichtige Rolle spielte; dagegen sind der Kolosser- und der Epheserbrief von einer sehr viel stärker hellenistisch-jüdisch bestimmten Denkweise geprägt; und die drei sogenannten Pastoralbriefe an Timotheus und Titus setzen eine Situation voraus, bei der die theologische Reflexion hinter den Fragen der Gemeindeordnung zurücktritt. Im vorliegenden Zusammenhang ist nur der 2. Thessalonicherbrief von Interesse.

2 Das Verhältnis des Zweiten Thessalonicherbriefs zum Ersten

2.1 Schon immer ist die weitgehende Parallelität der beiden Briefe aufgefallen. Es wurde daher gefragt, ob sie unter Umständen gleichzeitig an verschiedene Gruppen in der Gemeinde von Thessalonich gerichtet waren. Aber diese Lösung überzeugt nicht. Ein klares Bild ergibt sich, wenn man davon ausgeht, daß ein Paulusschüler den ihm vorliegenden authentischen Paulusbrief für sein Schreiben zugrunde gelegt und an wichtigen Stellen umgeformt hat. Man kann geradezu vermuten, daß dieser neugefaßte Brief den ersten ersetzen sollte; dieser war aber wohl schon zu bekannt, offensichtlich auch durch Abschriften und Verlesung in anderen Gemeinden, so daß er erhalten geblieben ist (das gilt ja entsprechend für das Markusevangelium nach der Entstehung des Matthäus- und des Lukasevangeliums).

2.2 Bei einem Vergleich der beiden Thessalonicherbriefe erkennt man, daß sie einen gleichartigen Aufbau haben und in bestimmten Abschnitten bis in Formulierungen hinein übereinstimmen. Abgesehen von geringfügigen Varianten gibt es drei gravierende Veränderungen:
– Das Proömium in 2Thess 1,3–12 ersetzt das anders geartete Proömium von 1Thess 1,2–10.
– Der Textabschnitt über den Antichristen in 2Thess 2,1–12 steht anstelle des Abschnitts 1Thess 2,1–3,12 (übernommen ist nur 2,13), in welchem von Nöten des Paulus und Verfolgungen die Rede war.
– Die Paränese von 1Thess 4–5 ist gekürzt und überarbeitet, wobei der Abschnitt über die Totenauferweckung

und die Ermahnungen zur Wachsamkeit aus 1Thess 4,13–5,11 ganz entfallen sind.
Bei diesen Änderungen ist festzustellen, daß Motive aufgenommen sind, die der frühjüdischen Tradition näher stehen, als das bei Paulus selbst zu beobachten ist. So sehr bei Paulus eine apokalyptische Gesamtkonzeption erkennbar wird, handelt es sich doch um eine konsequente Adaptierung an die von Jesus ausgehende Botschaft der Urchristenheit. In nachpaulinischer Zeit gewinnen apokalyptische Vorstellungen wieder stärkeres Gewicht.

3 Das verstärkt apokalyptische Denken im 2. Thessalonicherbrief

3.1 Angesichts der Tatsache, daß im 2. Thessalonicherbrief von einer Reapokalyptisierung gesprochen werden muß, ist es überraschend, daß der Abschnitt 1Thess 4,13–5,11 ausgelassen worden ist. Das hängt mit der veränderten Gemeindesituation zusammen. Es geht hier nicht um das Geschick der Toten, sondern um die rechte Einstellung zu den Endzeitereignissen. Wie 2Thess 2,1f erkennen läßt, ist es zu einer eschatologischen Schwärmerei gekommen, bei der mit dem unmittelbar bevorstehenden Anbruch der Heilsvollendung gerechnet wurde. Damit in Zusammenhang steht offensichtlich auch, daß einige Gemeindeglieder es nicht mehr für nötig angesehen haben, ihrer täglichen Arbeit nachzugehen, wie aus den Ermahnungen in 3,6–13 hervorgeht. Aus diesem Grund wird nun unter Rückgriff auf apokalyptisches Traditionsgut in 1,3–12 das Gerichtsthema erörtert, in 2,3–12 von der noch notwendigen Wartezeit gesprochen und in 3,6–13 zu einem angemessenen christlichen Wandel aufgerufen.

3.2 Das aus 1Thess 1,2–10 übernommene Motiv der Bedrängnis wird in dem Proömium 2Thess 1,3–12 zum Anlaß genommen für eine Ausführung über das kommende Gericht (1,3f.5–10; dazu eine abschließende Fürbitte für die Gemeinde in 1,11f). Das Gericht Gottes wird hier als Vergeltungsgericht verstanden, wie dies aus jüdisch-apokalyptischer Überlieferung bekannt ist, wobei die Glaubenden Lohn, die Gottlosen Strafe empfangen werden; denn

3 Das verstärkt apokalyptische Denken

„so ist es gerecht bei Gott" (1,6a). Es ist ein mit der endgültigen Offenbarung Jesu Christi verbundenes Feuergericht, bei dem diejenigen, die die Gemeinde bedrängt und verfolgt haben, verdientermaßen dem ewigen Verderben anheimfallen, während die Glaubenden in die Gemeinschaft mit Christus aufgenommen werden. Auch bei Paulus findet sich der Gerichtsgedanke, aber einmal müssen die Gläubigen ebenfalls durch das Feuer hindurchgehen, wie aus 1Kor 3,12–15 hervorgeht; sodann ist es ein gnädiges Gericht auch für Sünder, so sehr es bei dezidierter Gottlosigkeit oder beim Abfall vom Glauben ein ewiges Verlorensein geben kann (vgl. 1Kor 10,5–10). Insofern ist die Art und Weise, wie in 2Thess 1,3–12 von Gericht gesprochen wird, eine andere und zeigt die starke Beeinflussung von apokalyptischer Tradition, bei der eine christliche Modifikation fehlt.

3.3 Noch deutlicher wird die Abhängigkeit von der Apokalyptik in 2Thess 2,(1f)3–12. Die Vorstellung vom Antichristen taucht andeutungsweise in Mk 13,14 auf, sonst begegnet sie im Neuen Testament in Offb 13 und an dieser Stelle des 2. Thessalonicherbriefs. Übertragen auf Irrlehrer kommt sie dann noch in 1Joh 2,18.22; 4,3 und 2Joh 7 (hier parallel zu πλάνος) vor.

3.3.1 Eingangs wird in 2,1f auf die „Parusie unseres Herrn Jesus Christus" hingewiesen, aber zugleich ermahnt, sich nicht durch irgendwelche Nachrichten verwirren zu lassen, als sei der „Tag des Herrn" bereits da. Das bedeutet, daß die Heilsgegenwart in den Hintergrund rückt und die Verwirklichung des Heils wieder ganz in der Zukunft gesehen und erhofft wird.

3.3.2 In 2Thess 2,3.4a ist vom Abfall und vom Antichristen die Rede. Dieser wird folgendermaßen gekennzeichnet: „Der Mensch der Gottlosigkeit, der Sohn des Verderbens, der Widersacher, der sich über alles erhebt, was Gott oder Heiligtum heißt" (ὁ ἄνθρωπος τῆς ἀνομίας, ὁ υἱὸς τῆς ἀπωλείας, ὁ ἀντικείμενος καὶ ὑπεραιρόμενος ἐπὶ πάντα λεγόμενον θεὸν ἢ σέβασμα), und in V. 4b wird in Anlehnung an Dan 11,36 hinzugefügt: „so daß er sich sogar in den Tempel Gottes setzt und selbst behauptet, daß er Gott ist" (ἀποδεικνύντα ἑαυτὸν ὅτι ἐστὶν θεός, vgl. Mk 13,14). Wenige Verse später ist dann in V. 9 noch gesagt, daß er „in der Kraft des Satans" erscheinen und von diesem seine Macht und Wunderfähigkeit empfangen wird, mit der er alle, die sich der Liebe zur Wahrheit verschlossen haben, verführen und ins Verderben stürzen will.

3.3.3 Was in diesem Textabschnitt besonders auffällt, ist nun aber die Tatsache, daß in 2Thess 2,5-7 noch von einer anderen Macht die Rede ist, die den Antichristen vorläufig „zurückhält". Von dieser Macht ist in geheimnisvoller Weise sowohl neutrisch als auch maskulinisch die Rede: „das Zurückhaltende" und „der Zurückhaltende" (τὸ κατέχον, ὁ κατέχων). Es ist schwer zu sagen, was damit konkret gemeint ist. Es wurde an die ordnende Macht Roms oder an die im Gang befindliche Weltmission gedacht; aber weder das eine noch das andere ist angedeutet. Vermutlich soll das auch offen bleiben; entscheidend ist, daß der Antichrist seine volle Wirksamkeit bisher nicht entfalten kann. Gleichwohl ist die „geheime Macht der Gesetzwidrigkeit schon am Werk", jedoch der Antichrist selbst ist noch nicht allen sichtbar geworden. Wenn er jedoch schließlich erscheinen wird, wird Jesus, der Herr, ihn nach V. 8 bei seiner Ankunft mit dem „Hauch seines Mundes" vernichten. Dann werden alle, die dem Antichristen und seinem Irrtum verfallen sind, gerichtet werden, wie es abschließend in V. 10-12 heißt, weil sie „nicht der Wahrheit geglaubt, sondern die Ungerechtigkeit geliebt haben".

3.3.4 Es ist leicht zu erkennen, daß hier eine alte Tradition der Apokalyptik aufgegriffen ist. Die Vorstellung eines „Antimessias" war schon im Frühjudentum verbreitet. Angesichts der „Parusie unseres Herrn Jesus Christus" (2,1.8b) ist der Widersacher nun zum „Antichristen" geworden. In den uns bekannten Schriften des Frühjudentums kommt die Vorstellung einer den Widersacher aufhaltenden Macht dagegen nicht vor. Das ist offensichtlich ein christliches Motiv, durch das eine erste und eine endgültige Zeit der Verführung zum Abfall unterschieden werden soll, wie das ähnlich auch in Mk 13 für das Nebeneinander des „Anfangs der Wehen" und der dem Ende unmittelbar vorangehenden großen Drangsal gilt (vgl. § 13). In beiden Fällen wird darauf hingewiesen, daß die schlimmste Gefahr noch aussteht.

3.4 Innerhalb der Paränese fällt dann noch der Abschnitt

4 Zur Eigenart des 2. Thessalonicherbriefs

2 Thess 3,6–15 auf. Die Ermahnung aus 1 Thess 4,10b–12, das Christsein im Leben durch unauffälliges Verhalten und verantwortliche Arbeit zu bewähren, wird hier so aufgenommen, daß gegenüber einem Gemeindeglied, das aufgrund einer schwärmerischen Gegenwarts- oder Naherwartung ein „unordentliches Leben" führt statt zu arbeiten, die Regel angewandt werden soll: „Wer nicht arbeiten will, soll auch nicht essen" (3,10). Das bedeutet konkret, daß es an den mit einem Sättigungsmahl verbundenen Gemeinschaftsfeiern nicht mehr teilnehmen darf. Auch soll der Umgang mit ihm vermieden werden, wenngleich gesagt wird, daß man ein solches Gemeindeglied nicht als Feind, sondern als einen Bruder anzusehen habe, der zurechtzuweisen ist (3,14f). Mit Hilfe einer Kirchenzuchtmaßnahme werden hier also Konsequenzen aus der Warnung in 2,1f gezogen. Von einem charismatischen kirchenrechtlichen Akt, wie ihn Paulus in 1 Kor 5,1–5 oder 14,37f vollzieht, ist dies deutlich unterschieden.

4 Zur Eigenart des 2. Thessalonicherbriefs

4.1 Was den 2. Thessalonicherbrief insgesamt kennzeichnet, ist die verstärkt apokalyptische Denkweise. Das wird vor allem daran erkennnbar, daß das Thema der Heilsgegenwart trotz der christologischen Aussagen in 1,12; 2,13f und 3,1–5 fast völlig zurücktritt und stattdessen die Zukunftsorientierung einseitig in den Vordergrund rückt. Demgegenüber wird die Gegenwart als Zeit der Bedrängnis durch die Macht des Bösen verstanden und die Gefahr der widergöttlichen Verführung nachdrücklich hervorgehoben. Damit wird das Motiv der dem Eschaton vorangehenden Drangsal aufgenommen, bei der sich der Glaube bewähren muß und sich nicht durch Schwärmerei irritieren lassen darf. Vor einer Naherwartung wird geradezu gewarnt. Gegenüber Gemeindegliedern, die dies nicht ernst nehmen, werden harte Maßnahmen der Gemeindezucht eingeführt.

4.2 Wo rechter Glaube und gegenseitige Liebe herrschen, wird die Gewißheit zukünftigen Heils bestärkt. Allen Widersachern gegenüber wird dagegen die Verurteilung und Verdammnis angekündigt. Das führt zu einem Verständnis des Gottesgerichts, bei dem der Vergeltungsgedanke im Sinne der frühjüdischen Tradition wieder eine besondere Rolle spielt.

4.3 Versucht man, die Ursachen für diese Umprägung paulinischer Tradition zu erheben, so ist zweifellos die Gefahr des Abfalls wie die der eschatologischen Schwärmerei in der Zwischenzeit gewachsen. Dem soll mit Hilfe apokalyptischer Vorstellungen Einhalt geboten werden, doch drohen dabei wesentliche Motive der paulinischen Theologie verloren zu gehen.

§ 13   Die synoptische Apokalypse Mk 13 parr

1   Die Endzeitrede in Mk 13

1.1   Es handelt sich bei der Endzeitrede in Mk 13 um einen Text, der nicht nur einzelne apokalyptische Motive aufgreift, sondern eine geschlossene apokalyptische Konzeption erkennen läßt. In der exegetischen Forschung steht fest, daß Mk 13 in der vorliegenden Form keine authentische Rede Jesu sein kann. Es ist ein urchristliches Traditionsstück, das der Evangelist aufgenommen und seinerseits gerahmt hat. Sieht man von der Einleitung mit der Vorhersage der Tempelzerstörung in Mk 13,1–4 und den Ermahnungen am Schluß in 13,33–37 ab, so stoßen wir auf eine vormarkinische, offensichtlich während des Jüdischen Krieges 66–70 n. Chr. entstandene Überlieferung. Markus hat sie in seine Evangeliendarstellung als Endzeitrede Jesu integriert. Matthäus hat die markinische Fassung dieses Textes in seinem Evangelium erweitert, Lukas hat sie umgeformt.

1.2   Obwohl diese Endzeitrede auf urchristliche Gemeindetradition zurückgeht, besitzt sie doch einen jesuanischen Kern. Das in V. 28f überlieferte Gleichnis vom sprossenden Feigenbaum ist zweifellos ein authentisches Jesuswort: „Vom Feigenbaum lernt dieses Gleichnis: Wenn seine Zweige schon saftig werden und Blätter treiben, so wißt ihr, daß der Sommer nahe ist". Das Treiben der Blätter ist Bild für das bereits gegenwärtige Heilsgeschehen, der nahe Sommer Bild für die Vollendung. Deshalb wird hinzugefügt: „So sollt ihr, wenn ihr seht, daß solches geschieht, erkennen, daß er (sc. der Sommer, das Ende) nahe ist". Der gesamte übrige Text kann geradezu als eine Auslegung dieses Jesusgleichnisses verstanden werden. Dabei werden apokalyptische Motive aufgegriffen, um die Situation der bedrängten Glieder der Gemeinde und ihre Erwartung zu verdeutlichen.

1.3 Kennzeichnend für den vormarkinischen Text ist die Unterscheidung zwischen der Zeit der Drangsal in V. 5–23 und der Zeit der Vollendung in V. 24–27 sowie die abschließenden Worte in V. 30–32.

1.3.1 Die Zeit der Drangsal ist nochmals zweigeteilt. Es gibt eine erste Phase in V. 5–13, von der es in V. 7b heißt, daß sie „noch nicht das Ende" ist; wohl aber handelt es sich nach V. 8b um den „Anfang der Wehen", also die beginnende eschatologische Bedrängnis. Von der zweiten in 13,14–23 geschilderten Phase wird in V. 19 gesagt, daß es sich um eine Drangsal handle, „wie sie seit Anbeginn der Welt noch nicht gewesen ist". Während es in der ersten Phase Verführung zum Unglauben, Kriege, Erdbeben und Hungersnöte gibt, handelt es sich in der zweiten um das Auftreten des in Dan 9,27; 11,31; 12,11 vorhergesagten „Greuels der Verwüstung" (13,14), was schreckliche Folgen hat, die nur dadurch gemildert werden, daß Gott die Zeit verkürzt (13,20). Besondere Beachtung verdient die Aussage von Mk 13,14, weil hier der „Greuel der Verwüstung" gleichgesetzt ist mit dem Auftreten des Antichrists, was dann auch dazu führt, daß nach 13,21–23 Pseudomessiasse und Pseudopropheten kommen und versuchen werden, die Auserwählten zum Abfall zu bewegen. Daß es sich bei dem „Greuel der Verwüstung" nicht wie bei Daniel um ein Götzenbild handelt, sondern um die widergöttliche Gestalt des Antichristen, geht daraus hervor, daß das neutrische βδέλυγμα τῆς ἐρημώσεως weitergeführt wird mit dem maskulinischen „der steht, wo er nicht (stehen) darf" (ἑστηκότα ὅπου οὐ δεῖ).

1.3.2 Es ist unverkennbar, daß die Situation der Gemeinde noch zur ersten Phase der Drangsal gehört, daß aber die zweite unmittelbar bevorsteht. Der auf die Gegenwart der Jünger bezogene ermahnende Abschnitt Mk 13,9–13 gehört jedenfalls mit den Aussagen über den „Anfang der Drangsal" in 13,5–8 zusammen: Die Jünger werden in der Welt gehaßt und verfolgt sein (13,9.12.13a). Sie sollen aber unter allen Völkern das Evangelium verkündigen (13,10) und dürfen sich auf den Beistand des Heiligen Geistes verlassen (13,11). Und ganz ähnlich wie in der frühjüdischen Apokalyptik heißt es Mk 13,13b: „Wer durchhält bis zum Ende, wird gerettet werden". Gibt es schon in der ersten

Phase die Gefahr der Verführung (13,5f), so erst recht in der zweiten Phase (13,21–23). Vor allem wird nach dem Auftreten des Antichrists die Not so groß sein, daß nur die Flucht aus Judäa in die Berge noch eine gewisse Hilfe sein kann.

1.3.3 Die in Mk 13,24–27 geschilderte Vollendung vollzieht sich dann so, daß aufgrund der Verheißungen von Jes 13,10 und 34,4 die kosmische Ordnung zerstört wird (13,24f). Dann wird der mit Jesus identifizierte „Menschensohn" nach Dan 7,13f auf den Wolken des Himmels erscheinen (13,26), und die Auserwählten werden von den Enden der Erde „eingesammelt" werden (13,27).

1.3.4 Die vormarkinische Überlieferung, in der im Sinne einer Auslegung des Jesusgleichnisses von der endzeitlichen Drangsal und der Wiederkunft Jesu als des Menschensohnes die Rede ist, besitzt ihren Abschluß in den Worten Mk 13,30–32. Es handelt sich um eine dreifache Aussage: „Diese Generation wird nicht vergehen, bis das alles eintrifft" (V. 30), was Ausdruck der Naherwartung ist. Wenn Himmel und Erde vergehen, werden die Worte dieser Verheißung in jedem Fall nicht vergehen (V. 31), was die Gewißheit der Zukunftshoffnung unterstreicht. Von „dem Tag und der Stunde" weiß niemand etwas, nicht einmal „der Sohn", weil dies Gott vorbehalten bleibt (V. 32), womit gesagt ist, daß trotz der Naherwartung das Ende von Gott allein abhängt.

1.4 Markus hat diesen Text übernommen, ergänzt und in das Gesamtgefüge seines Evangeliums eingegliedert.

1.4.1 Indem er in der Einleitung 13,1–4 auf die bevorstehende Zerstörung des Tempels hinweist und mit der Endzeitrede die Frage der Jünger, wann das geschehen und was das Zeichen für die Vollendung sein werde, beantwortet, verdeutlicht er die konkrete Zeitsituation: Die Eroberung Jerusalems steht kurz bevor, und dann wird der Antichrist erscheinen und die Zeit der großen Drangsal beginnen. Am Ende in 13,33–37 hat er deshalb Ermahnungen zur Wachsamkeit hinzugefügt. Das Evangelium ist wohl nur wenig später als die Vorlage entstanden, vermutlich noch vor dem Jahr 70 n. Chr.

1.4.2 Den ergänzten Text hat Markus als zweite Rede Jesu nach der Gleichnisrede Kap. 4 in sein Evangelium eingefügt. Dabei handelt es sich um eine sehr bewußte Zuordnung; diese beiden (einzigen) Reden im Markusevangelium ergänzen einander. Geht es in der Gleichnisrede um die anbrechende Gottesherrschaft, so in Kap. 13 um deren Vollendung. Mit Jesu Auftreten und seinem Wirken vollzieht sich, was in der Gleichnisrede verkündigt wird, mit seinem Tod und seiner Auferweckung beginnt die nachösterliche Situation, in der die Jünger sich zu bewähren haben.

1.4.3 Mit der Integration der Endzeitrede in sein Evangelium hat Markus in einem Dreischritt die enge Zusammengehörigkeit der Zeit Jesu, der Jetztzeit und der Zukunft festgehalten, wie das ja in anderer Weise auch für Jesu eigene Verkündigung gilt. Alles ist unter das Vorzeichen des Endgeschehens gestellt. War die Zeit Jesu eine Prolepse des Heils, so ist die Gegenwart die dem Ende vorangehende Zeit der Drangsal, und diese wird unmittelbar übergehen in die Zeit der Vollendung. Was an diesem Text allerdings auffällt, ist die Tatsache, daß es hier keine „Zeit der Kirche" gibt, die zwischen der Auferstehung Jesu und den Endereignissen ihren Platz hat, wie das sonst in der Urgemeinde vielfach der Fall ist (am charakteristischsten im lukanischen Doppelwerk). Die Zeit zwischen Ostern und Wiederkunft ist insgesamt als Zeit der Drangsal verstanden. Hinzu kommt, daß diese eschatologische Rede auch in ihrer markinischen Fassung von einer sehr lebendigen Endzeiterwartung geprägt ist, was mit den Ereignissen des Jüdischen Krieges zusammenhängt. In zahlreichen anderen Konzeptionen des Urchristentums spielt dagegen die Verzögerung der erwarteten Parusie eine Rolle, oder die Eschatologie rückt in die Ferne; das zeigt sich nicht zuletzt in der Rezeption von Mk 13 im Matthäus- und im Lukasevangelium.

2 Die Übernahme der markinischen Endzeitrede in Mt 24–25

2.1 Matthäus folgt in Kap. 24 weitgehend der markinischen Vorlage. Es gibt jedoch einige Änderungen und Ergänzungen.

2 Die Übernahme der Endzeitrede in Mt 24–25

2.1.1 Die Abweichungen in Mt 24 betreffen einmal die Streichung von Mk 13,9b.11f, weil diese Aussagen schon in der Aussendungsrede Mt 10,17–21 verwendet wurden; stattdessen wird die Aussage über das Durchhalten bis zum Ende in Mt 24,13 (par Mk 13,13) mit Sondergut in 24,10–12 eingeleitet, und das Wort von der Verkündigung des Evangeliums in der ganzen Welt ist in 24,14 (par Mk 13,10) betont ans Ende des Abschnitts gestellt. Wichtiger ist die Änderung in Mt 24,15∥Mk 13,14 über den „Greuel der Verwüstung". Wie bei Markus ist die am Anfang des Kapitels stehende Vorhersage der Tempelzerstörung mit den Ereignissen der großen Bedrängnis, wie noch keine seit Anfang der Welt war, in Beziehung gesetzt (Mt 24,1f. 15–22). Der „Greuel der Verwüstung" wird nun aber in Mt 24,15 nicht wie in Mk 13,14 auf den Antichristen bezogen, sondern wie bei Daniel auf ein heidnisches Kultbild (ἑστός statt ἑστηκότα). Das hängt damit zusammen, daß für Matthäus die Tempelzerstörung bereits in der Vergangenheit liegt, wie aus Mt 22,7 eindeutig hervorgeht. Dies ändert für ihn nichts daran, daß damit die Zeit schlimmster Bedrängnis eingesetzt hat; es handelt sich jedoch nicht um das Auftreten des Antichrists. Vielmehr bezieht er den „Greuel der Verwüstung" auf die Aufstellung von Götzenbildern in der von den Römern eroberten Stadt.

2.1.2 Bei den Zufügungen geht es vor allem um Logien aus der Spruchquelle, die sich auf die Parusieerwartung beziehen; so in 24,26–28 das Wort vom Kommen des Menschensohnes wie ein Blitz, ferner in 24,37–41 das Wort, wonach bei Jesu Parusie die einen angenommen, die anderen verworfen werden. Außerdem ist in die mit 24,42 einsetzende Ermahnung zur Wachsamkeit in 24,43f noch das Bildwort vom Dieb aufgenommen, von dem der Hausherr nicht weiß, wann er kommt. Durch diese Ergänzungen ist in Mt 24,1–44 neben der wie bei Markus breit ausgeführten Schilderung der Drangsal das Anbrechen der Vollendung stärker betont. Als Besonderheit verdient noch Mt 24,30 Beachtung, wo davon die Rede ist, daß vor der Parusie des Menschensohnes das „Zeichen des Menschensohnes am Himmel" erscheinen wird. Was damit gemeint ist, wird nicht gesagt und ist schwer zu erklären; in der späteren Tradition wurde es als Sichtbarwerden des Kreuzes verstanden, was aber zweifellos nicht ursprünglich ist. Die älteste Interpretation der Stelle liegt in Did 16,6 vor, wo von den „Zeichen der Wahrheit" gesprochen ist: Öffnung des Himmels, Erschallen der Posaune und Auferstehung der Toten. Am ehesten wird man bei Mt 24,30 an ein Zeichen wie das auch sonst häufiger erwähnte Erschallen der Posaune denken dürfen.

2.2 Was bei Matthäus die eschatologische Rede besonders auszeichnet, ist der beigefügte Teil in 24,45–25,46. Dadurch wird die Endzeitrede fast aufs Doppelte erweitert. Den Ermahnungen von Mk 13,33–37, die in Mt 24,32–44 noch ergänzt sind, folgen zunächst drei Gleichnisse: das Gleichnis vom treuen und schlechten Knecht in 24,45–51 (aus Q), das Gleichnis von den klugen und törichten Jungfrauen in 25,1–13 (Sondergut) und das Gleichnis von den anvertrauten Pfunden in 25,14–30 (aus Q). Abgeschlossen wird die Endzeitrede mit einer Schilderung des Jüngsten Gerichts in 25,31–46 (Sondergut), bei dem der Menschensohn als Richter Schafe und Böcke trennen wird.

2.2.1 Die Gleichnisse sowie die Gerichtsschilderung, die den zweiten Teil der Endzeitrede bilden, sind konsequent in den Zusammenhang der Aussagen von Kap. 24 gestellt, haben aber gleichwohl eine eigene Intention. Hier ist der Blick auf das rechte Verhalten gerichtet. In den drei Gleichnissen geht es um die Treue und Bewährung der Glaubenden im Gegensatz zu denen, die versagen. Alle, die klug handeln, werden den ihnen angemessenen Lohn erhalten. Mit der abschließenden Schilderung des Weltgerichtes in 25,31–46 kommt für Matthäus das in seinem Evangelium durchgängig stark betonte Gerichtsmotiv zum Abschluß. Zugleich wird aber hervorgehoben, daß es ein gnädiges Gericht ist, wobei das Verhalten zu den Armen und Entrechteten Kriterium des Gerichtes ist, was dem eigenen Handeln Jesu gegenüber den Menschen entspricht.

2.2.2 Im Gleichnis von den zehn Jungfrauen, 25,1–13, ist ein weiteres Motiv berücksichtigt: Es gilt auch dann richtig zu handeln, wenn der Bräutigam nicht so rasch kommt wie erwartet, sondern mit einer längeren Wartezeit zu rechnen ist. Hier zeigt sich im Unterschied zur Naherwartung des vormarkinischen Textes und der markinischen Fassung der Endzeitrede das Problem der Parusieverzögerung.

2.3 Auch in dieser veränderten und erweiterten Form handelt es sich in der eschatologischen Rede Mt 24–25 um eine typisch apokalyptische Konzeption, wie sie für die zweite Hälfte des 1. Jahrhunderts charakteristisch ist. Sie steht ebenfalls in engem Zusammenhang mit dem ganzen Evangelium, wobei es hier nicht die zweite, sondern die fünfte Rede Jesu ist. Neben der Gleichnisrede (Kap. 13) spielen die Bergpredigt als Weisung für das Leben der Jünger (Kap. 5–7), die Aussendungsrede (Kap. 10) und die Rede über die Gemeindeordnung (Kap. 18) eine Rolle, wodurch sich nicht nur eine Verbindung mit Kap. 24, sondern ebenso mit Kap. 25 ergibt. Es geht um die Existenz der Jünger, ihren Auftrag, ihre Bewährung in der Drangsal, die Ausrichtung auf das bevorstehende Gericht und die lebendige Erwartung der Wiederkunft, auch wenn mit einer Verzögerung zu rechnen ist.

3   Die Rezeption der Endzeitrede bei Lukas

3.1   Während Matthäus in Kap. 24–25 Material aus der Logienquelle und seinem Sondergut mit Mk 13 verbunden hat, ist Lukas anders vorgegangen. In seinem Evangelium findet sich nicht nur eine, sondern es begegnen zwei Endzeitreden. In Lk 17,22–37 hat der Evangelist den eschatologischen Schlußabschnitt der Logienquelle aufgenommen, in Lk 21,5–36 bringt er dann im Anschluß an Mk 13 einen zweiten Ausblick auf die Endereignisse.

3.2   In Lk 17,22–37 geht es im Gefolge der Botschaft Jesu um charakteristische apokalyptische Einzelmotive, aber nicht um die Beschreibung eines Geschehensablaufs wie in Mk 13. Der Text handelt von der Parusie und von der Scheidung beim Gericht. Die in Mt 24,26–28.37–41 getrennt aufgenommenen Worte vom Kommen des Menschensohns wie ein Blitz und von den einen, die angenommen, und den anderen, die verworfen werden, stehen hier direkt nebeneinander; sie sind außerdem zurückbezogen auf das Wirken des irdischen Jesus als Menschensohn, was der für die Logienquelle kennzeichnenden Menschensohn-Christologie entspricht.

3.3   In Lk 21,5–36 hat der Evangelist zwar den Text von

Mk 13 zugrunde gelegt, diesen aber erheblich umgestaltet.

3.3.1 Die Vorhersage der Tempelzerstörung und die Frage, wann das geschehen wird, stehen hier ebenfalls am Anfang (21,5–7), erhalten aber, wie der anschließende Text zeigt, eine andere Bedeutung.

3.3.2 Es folgen wie bei Markus die Aussagen über eine Verführung zum Abfall sowie über Kriegsereignisse und weltweite Notsituationen (21,8–11). Während es nun bei Markus heißt, daß dies „noch nicht das Ende", wohl aber der „Anfang der Wehen" sei (Mk 13,7b.8b), heißt es bei Lukas, das Ende „sei noch nicht so schnell da" (Lk 21,9b), und das Motiv der beginnenden Wehen entfällt.

3.3.3 Der entsprechend zu Markus daran anschließende Abschnitt über die Verfolgung der Jünger und die Zusage des göttlichen Beistands (Mk 13,9–13‖Lk 21,12–19) wird überraschenderweise eingeleitet mit der Wendung: *„Bevor dies alles geschieht"* (21,12a); die beiden Abschnitte Lk 21,8–11 und 21,12–19 werden also de facto umgestellt. Anstelle des Wortes, daß derjenige, der durchhält bis zum Ende, gerettet wird (Mk 13,13), heißt es hier: „Durch eure Standhaftigkeit werdet ihr eure Seelen (euer Leben) gewinnen" (Lk 21,19). Die Verfolgungen haben also noch nichts mit den Ereignissen von 21,8–11, und beides hat nichts mit der eschatologischen Drangsal zu tun.

3.3.4 Das wird noch deutlicher im nächsten Abschnitt Lk 21,20–24, in dem das Motiv vom „Greuel der Verwüstung" überhaupt fehlt. Stattdessen geht es um die konkreten Ereignisse der Belagerung und Zerstörung der Stadt Jerusalem durch die Römer: „Wenn ihr aber Jerusalem von einem Heer eingeschlossen seht, dann erkennt, daß ihre Verwüstung bevorsteht" (21,20). Dies sind die „Tage der Vergeltung", in denen sich „alles, was geschrieben steht", erfüllen wird (21,22). Die Bewohner werden, soweit sie nicht in die Berge geflohen sind, erschlagen oder weggeführt unter alle Völker (21,21.24a). Das bedeutet, daß die eingangs angekündigte Zerstörung des Tempels nicht mehr wie bei Markus und Matthäus im Zusammenhang mit der Drangsal steht, „wie noch keine gewesen ist seit Anbeginn der Welt" (Mk 13,19; Mt 24,21), sondern als ein innergeschichtliches Ereignis verstanden wird (vgl. Lk 19, 43f). Schließlich heißt es: „Jerusalem wird von den Heiden zertreten werden, bis die Zeiten der Heiden sich erfüllen" (21,24b) – ein völlig neues Motiv, das einerseits auf die heidnische Besetzung Jerusalems nach Kriegsende hinweist, andererseits auf die Frist, die zur Verkündigung des Evangeliums unter den Heiden erforderlich ist (Lk 21,24b steht anstelle des Wortes von der Evangeliumsverkündigung unter allen Völkern Mk 13,10‖Mt 24,14).

3.3.5 Der Abschnitt über das Auftreten von Pseudomessiassen und Pseudopropheten (Mk 13,21–23) entfällt. Parallel zu Markus folgen ohne Beziehung auf eine vorangegangene Drangsal die geringfügig veränderten Aussagen über Zeichen am Himmel, über kosmische Umwälzungen und über das Sichtbarwerden des Menschensohnes (Lk 21, 25–27). Der Hinweis auf die „Einsammlung" der Auserwählten (Mk 13,27) fehlt. Abgeschlossen wird die Vorhersage mit dem neu angefügten Wort: „Wenn dieses zu geschehen beginnt, dann richtet euch auf und erhebt eure Häupter, weil sich eure Erlösung naht" (21,28). Und dieses auf die allerletzten Ereignisse bezogene Wort wird dann weitergeführt mit dem Gleichnis vom sprossenden Feigenbaum, wobei die bevorstehende „Ernte" ausdrücklich als das „Reich Gottes" interpretiert wird (21,29–31).

3.3.6 Nach der an das Gleichnis anschließenden Aussage, daß alles gemäß der Vorhersage geschehen wird (Lk 21,32f‖Mk 13,30f – Mk 13,32 ist ausgelassen; vgl. Apg 1,7), folgt wie bei Markus eine kurze Ermahnung. Lukas hat aber den Text von Mk 13,33–37 durch einen anderen Abschnitt in Lk 21,34–36 ersetzt, in dem er vor „Fressen und Saufen" und der Beschäftigung mit „täglichen Sorgen" warnt, „damit euch dieser Tag nicht plötzlich überrascht" (21,34b). Es gilt zu wachen und zu beten, um vor dem Menschensohn bestehen zu können (21,36).

3.4 Der Text von Lk 21,5–36 ist deswegen besonders aufschlußreich, weil die bei Markus und Matthäus erkennbare apokalyptische Konzeption, welche die Gegenwart als die der Vollendung vorangehende Zeit der eschatologischen Drangsal versteht, hier radikal umgeformt ist. Für Lukas gehören Ereignisse wie Verfolgung, Kriege und die Zerstörung Jerusalems zu der noch weitergehenden Weltgeschichte, auf die er ja sonst mehrfach Bezug nimmt (vgl. nur Lk 3,1f). Dies ist zugleich die Zeit der Verkündigung des Evangeliums in aller Welt und die „Zeit der Kirche", die für Lukas zwischen Jesu Leben, Sterben und Auferstehen und der Heilsvollendung ihren Platz hat. Insofern macht er die bei Markus, aber auch noch bei Matthäus erkennbare Reapokalyptisierung weitgehend wieder rückgängig und behält nur die Motive von den Zeichen am Himmel, den kosmischen Umwälzungen und der Parusie des Menschensohnes am Ende der Zeiten bei. Das besagt, daß ähnlich wie in Lk 17,22-37 nur Einzelelemente der apokalyptischen Tradition im Blick auf die Heilsvollendung berücksichtigt werden. Allerdings hat das zur Folge, daß die enge Verbindung von irdischem Leben Jesu, der nachösterlichen Zeit und der Vollendung im Sinn eines fortschreitenden eschatologischen Geschehens aufgelöst wird. Ist die Geschichte Jesu für ihn eine Vorwegnahme des künftigen Heils, so folgt zunächst im Rahmen innerweltlicher Geschichte die „Zeit der Kirche" und erst in einer noch fernen Zukunft das Endgeschehen. Nicht zufällig will er ja mit seinem Doppelwerk ein Geschichtswerk vorlegen, wie insbesondere die Apostelgeschichte zeigt. Seine Theologie orientiert sich nicht primär an der Eschatologie, sondern an den Heilsereignissen in der Geschichte der Welt.

4 Rückblick auf Mk 13 parr

4.1 Zu beachten ist, daß die apokalyptische Verheißung von Mk 13 Auslegung eines Jesuswortes ist. Die Zeit der Drangsal ist wie im Frühjudentum Zeit der Bewährung, sie ist aber zugleich Zeit der Proklamation des Evangeliums. Die Endzeitrede steht zudem für Markus in eindeutiger Relation zur Rede vom gegenwärtigen Anbruch der Gottesherrschaft in Mk 4. Anlaß zu dieser Gleichnisauslegung mit Hilfe apokalyptischer Vorstellungen war die Not des sich zuspitzenden Jüdischen Krieges, in der die Krisensituation so stark empfunden wurde, daß man sie als Drangsal, wie noch keine gewesen ist, verstanden hat und mit dem bevorstehenden Auftreten des Antichrists rechnete.

4.2 Wie schon erwähnt, ist die vormarkinische Überlieferung vermutlich kurz vor dem Auszug der Jerusalemer

Christen nach Pella im Jahre 68 n. Chr. entstanden, und der noch vor 70 n. Chr. schreibende Evangelist Markus hat sich diesen Text zu eigen gemacht. Die Tatsache, daß die apokalyptische Denkweise und Erwartung wie schon bei Daniel ein Phänomen der Krisenerfahrung und der Krisenbewältigung ist, zeigt sich hier sehr deutlich.

4.3 Im Matthäusevangelium ist mit geringfügigen Änderungen die apokalyptische Konzeption beibehalten worden. Allerdings wurde sie hier sehr viel stärker zur Motivation rechten Handelns in der Zeit der Erwartung der Heilsvollendung, weswegen die Gerichtsthematik eine zentrale Rolle spielt. An die Stelle der Bewältigung einer konkreten geschichtlichen Krisisituation ist die Erinnerung an die permanente Herausforderung angesichts des bevorstehenden Gerichts und Heils getreten, auch wenn noch mit einer gewissen Wartezeit gerechnet werden muß.

4.4 Lukas hat auf das apokalyptische Modell der eschatologischen Drangsal verzichtet und nur im Blick auf die Vollendung apokalyptische Motive beibehalten. Indem er die Gegenwart nicht in einem primär endgeschichtlichen, sondern in einem heilsgeschichtlichen Kontext versteht, hat er aber seinerseits in anderer Weise ein Grundanliegen der Apokalyptik aufgegriffen, nämlich die Geschichte der Welt in ihrer Ausrichtung auf das Eschaton zu begreifen. So ist auch hier ein entscheidender Impuls apokalyptischen Denkens erhalten geblieben.

4.5 Die Bezeichnung „synoptische Apokalypse" trifft streng genommen nur auf Mk 13 und Mt 24–25 zu. Die erheblichen Modifikationen bei Lukas und die Eigenständigkeit seiner Konzeption dürfen nicht übersehen werden. Aber die Bezeichnung ist auch im Blick auf Lk 21 nicht einfach falsch, wenn man die veränderte apokalyptische Intention bei Lukas berücksichtigt. Nur darf man bei der Besprechung der drei Paralleltexte nicht nivellieren, sondern muß die erheblichen Unterschiede beachten.

§ 14 Die Johannesoffenbarung

1 Die Stellung der Johannesoffenbarung

1.1 Der Zusammenhang mit der apokalyptischen Tradition

1.1.1 Die Johannesoffenbarung ist ein prophetisches Werk und steht unverkennbar in der Tradition der frühjüdischen und urchristlichen Apokalyptik. Das letzte Buch der Bibel ist zweifellos die Schrift, in der die apokalyptische Denkweise am ausgeprägtesten innerhalb des Neuen Testamentes zum Tragen kommt. Sie hat deshalb in der Geschichte der Kirche oft Kritik oder Ablehnung erfahren. Das hing nicht zuletzt damit zusammen, daß sie falsch gedeutet wurde und Anlaß zu Schwärmerei gab. Innerhalb des Neuen Testaments nimmt sie keine eigentliche Sonderstellung ein, weil apokalyptische Voraussetzungen und Grundstrukturen in allen urchristlichen Schriften zu erkennen sind. Sie ist allerdings kennzeichnend für die verstärkte Reapokalyptisierung im letzten Drittel des 1. Jahrhunderts. Die entscheidenden Elemente der christlichen Verkündigung sind dabei nicht aufgegeben. Trotz aller Orientierung an der eschatologischen Drangsal und der Heilsvollendung ist die Gewißheit ausschlaggebend, daß das Heil bereits angebrochen ist und daß es gegenwärtige Heilsteilhabe gibt.

1.1.2 Der Verfasser der Johannesoffenbarung ist ein urchristlicher Prophet, der gegen Ende des 1. Jahrhunderts gelebt und gewirkt hat. Im Unterschied zur Pseudepigraphie der frühjüdischen Apokalyptik nennt sich der Verfasser selbst mit seinem Namen Johannes (1,1.4.9; 22,8). Seine Schrift muß in der Zeit der domitianischen Verfolgung 95/96 n. Chr. entstanden sein.

1.2 Das Verhältnis zum Johannesevangelium und den Johannesbriefen

Trotz einiger Berührungen mit dem Johannesevangelium handelt es sich bei der Johannesoffenbarung um ein eigenständiges Werk, das von den „johanneischen Schriften" im engeren Sinn (Evangelium und Briefe) klar unterschieden ist. Das zeigt sich vor allem in der Art und Weise, wie das 4. Evangelium und die Briefe apokalyptische Begriffe und Vorstellungen verwenden.

1.2.1 Für das Johannesevangelium ist einmal kennzeichnend, daß im Zusammenhang mit der weitgehenden Vergegenwärtigung der Eschatologie apokalyptische Motive zurückgedrängt bzw. umgeschmolzen worden sind. Das ist am charakteristischsten bei den Aussagen über das gegenwärtig sich vollziehende Gericht (z.B. Joh 3,17–21) und bei der Verwendung der Vorstellung vom „ewigen Leben", da für die Glaubenden ewiges Leben in der Gegenwart bereits erfahren und durch den Tod hindurch bewahrt wird (vgl. nur Joh 11,25f). Sodann werden apokalyptische Motive mit dem Wirken des Parakleten verbunden; im Kommen des Geistes vollzieht sich proleptisch bereits Jesu Wiederkunft (vgl. Joh 14,16f.18). Beides schließt eine Zukunftserwartung nicht aus, aber diesbezügliche Aussagen sind auf ein Minimum begrenzt (vgl. Joh 14,1–3; 16,13c; 17,24; von sekundären Zusätzen ist abzusehen).

1.2.2 Etwas stärker sind apokalyptische Vorstellungen im 1. und 2. Johannesbrief berücksichtigt. Das gilt zunächst einmal von den Aussagen über das künftige Gericht (1Joh 4,17), über die Parusie (2,28) und die Vollendung (3,1f). Besonders bezeichnend ist aber, wie von dem bzw. den „Antichristen" gesprochen wird (1Joh 2,18.22; 4,3; 2Joh 7). Es handelt sich nicht um eine geradezu mythische Gestalt, die vor dem Weltende erwartet wird, sondern um Irrlehrer, die von der Gemeinde selbst ausgegangen sind (2,19); sie sind ihrerseits Repräsentanten des Antichrists und insofern Erscheinungen der „letzten Stunde" (2,18). Apokalyptische Traditionen sind also teils übernommen, teils erheblich verändert.

2 Der Aufbau des Buches

2.1 Die umfangreiche Schrift beginnt mit einem Eingangsabschnitt in 1,1–3, in dem der Prophet von der ihm zuteil gewordenen „Offenbarung" (ἀποκάλυψις) spricht und auf deren gottesdienstliche Verlesung und Weitergabe hinweist. Es folgt ein briefliches Präskript in 1,4–8, womit der Schluß in 22,6–21 korrespondiert. In diesen brieflichen Rahmen sind mehrere liturgische Elemente integriert. Eng verbunden mit den Rahmenstücken ist in 1,9–20 die Beauftragungsvision. Es folgen in Kap. 2–3 die sogenannten Sendschreiben, und daran schließen sich in 4,1–22,5 die Endzeitvisionen an.

2.2 Ist diese Gesamtgliederung eindeutig, so ist die Unterteilung der Visionen in 4,1–22,5 umstritten. Die Schwierigkeit ergibt sich, weil der Verfasser in 10,1–11,13, in 12,1–13,18 und in 17,1–18,24 zusätzliches Material eingebaut hat, das den jeweils vorgegebenen Zusammenhang zu sprengen scheint. Dazu gehören die Visionen von dem Engel mit der Buchrolle in Kap. 10, von der Tempelvermessung und den beiden Zeugen in Kap. 11, die Vision von der himmlischen Frau in Kap. 12, die Vision vom Antichristen in Kap. 13 und die Vision von der Hure Babylon in Kap. 17f. Trotz des Gewichtes dieser Teile empfiehlt es sich jedoch, konsequent von den Strukturelementen auszugehen, die der Verfasser selbst angegeben hat, und kein anderes oder zusätzliches Gliederungsprinzip zu berücksichtigen. Abgesehen von der Thronsaalvision in Kap. 4–5 und der Schlußvision in 19,11–22,5 sind formal nur die drei Zyklen der sieben Siegel, der sieben Posaunen und der sieben Schalen klar abgehoben. Sie beschreiben die bevorstehende Drangsal und münden jeweils in einen Abschnitt ein, der die Vollendungsvision vorwegnimmt (7,1–17; 14,1–20; 19,1–10). In diese Zyklen sind jene Abschnitte im Sinne von exkursartigen Erweiterungen eingebaut. Die abschließende Vision umfaßt dann Parusie (19,11–21), tausendjähriges Reich (20,1–6), Überwindung des Satans (20,7–10), Weltgericht (20,11–15) und, deutlich abgehoben, die Heilsverwirklichung (21,1–22,5). Damit ergibt sich folgende Gliederung:

– Die Thronsaalvision mit Übergabe des versiegelten Bu-

ches an das Lamm in 4,1–5,14;
- Die Sieben-Siegel-Vision in 6,1–8,1;
- Die Sieben-Posaunen-Vision in 8,2–14,20 mit Einschüben in 10,1–11,13; 12,1–13,18;
- Die Sieben-Schalen-Vision in 15,1–19,10 mit dem Einschub in 17,1–18,24;
- Die Schlußvision in 19,11–22,5.

3 Die Johannesoffenbarung als prophetische Schrift

3.1 Propheten hat es im ältesten Christentum offenbar in einer nicht geringen Zahl gegeben. Für Paulus sind sie neben den Aposteln und den Lehrern unersetzlich für Aufbau und Existenz einer christlichen Gemeinde (1Kor 12,28). Während den Aposteln der missionarische Dienst obliegt, sind die Propheten die vollmächtigen Verkündiger in den Gemeinden, und die ebenfalls als Charismatiker ausgezeichneten Lehrer haben vor allem die Aufgabe der Wahrung und Interpretation der Glaubenstradition. Wie in der alttestamentlichen Prophetie geht es auch in der urchristlichen nicht einseitig um Zukunftsweissagung, sondern um aktuelle Botschaft an die Gemeinden, wozu dann allerdings auch die Zukunftsperspektiven gehören.

3.2 Der Verfasser der Johannesoffenbarung bestimmt exakt seine Funktion als christlicher Prophet, wenn er in 19,10c sagt: „Der Geist der Prophetie ist das Zeugnis für Jesus" (ἡ γὰρ μαρτυρία Ἰησοῦ ἐστιν τὸ πνεῦμα τῆς προφητείας). Seine entscheidende Aufgabe ist es demnach, Zeugnis für Jesus abzulegen, und zwar in der Kraft und Vollmacht des Heiligen Geistes. Er tut es in dieser Schrift aufgrund einer ihm zuteil gewordenen Offenbarung, von der er gleich zu Beginn in 1,1f spricht. Näher begründet wird dies in der Vision 1,9–20: Durch die Erscheinung des himmlischen Menschensohnes erhält der Prophet Johannes den Auftrag, das vorliegende Buch der Offenbarung zu schreiben und es den sieben Gemeinden in der römischen Provinz Asia (westliches Kleinasien) zuzusenden, wie aus 1,11 hervorgeht. Johannes tut es in der Weise, daß er es in den Rahmen eines Briefes stellt, der zur Verlesung im Gottesdienst bestimmt ist.

3.3 Seine prophetische Vollmacht kommt zunächst darin zum Ausdruck, daß er von der Insel Patmos aus, dem Ort seiner Gefangenschaft, Sendschreiben an die sieben in 1,11 genannten Gemeinden richtet. Es sind Gemeinden, die zu seinem Wirkungsbereich gehören, die aber, wie die symbolische Zahl Sieben zeigt, zugleich stellvertretend für die ganze christliche Gemeinschaft stehen. Der Hauptteil in 4,1–22,5 ist Wiedergabe einer umfangreichen Vision. Der Prophet erblickt eine geöffnete Tür im Himmel und wird zum Heraufkommen aufgefordert; dort soll ihm gezeigt werden, was „geschehen muß" (1,1; 4,1). Mehrfach wird darauf hingewiesen, was er sieht, aber ebenso auf das, was er hört. Wie sonst häufig in apokalyptischer Tradition begegnet ihm auch ein *angelus interpres*, der bestimmte Dinge und Ereignisse deutet (vgl. 7,13; 10,4.8–11; 19,9.10a; 22,8–11; vgl. 1,1; 22,16).

3.4 Es ist davon auszugehen, daß es sich im Ansatz um ein echtes Offenbarungswiderfahrnis handelt, sowohl im Blick auf das Gehörte als auch das Geschaute. Im Sinn einer Inspiration wurde dem Propheten vermutlich in einer Augenblickserfahrung der gesamte Inhalt bewußt (vgl. die dichterische Inspiration). Dem widerspricht nicht, daß Johannes das ihm zuteil gewordene Erlebnis mit Hilfe traditioneller Vorstellungen artikuliert und ausgestaltet hat. Schon der eigene Rezeptionsvorgang setzt Kategorien und Vorstellungen voraus, die dem Autor vertraut sind, weil er es sonst nicht in sich aufnehmen könnte. Erst recht gilt das für die Vermittlung an andere. Sein Auftrag war nur zu erfüllen, indem er sich vorgegebener Modelle bedient hat, um verständlich zu machen, worum es ging. Das bedeutet, daß zwischen einem prophetischen Grunderlebnis und dessen Ausgestaltung unterschieden werden muß.

4 Zum Inhalt der Johannesoffenbarung

4.1 Die Rahmenstücke und die Beauftragungsvision

Die Rahmenstücke in 1,1–3.4–8.9–20 und 22,6–21 enthalten mehrere Elemente. Neben dem einleitenden Abschnitt über den Inhalt des Buches (1,1–3) sind es brief-

4 Zum Inhalt der Johannesoffenbarung

liche Motive (1,4.5a.11; 22,21) und gottesdienstliche Traditionen (1,5b.6; 1,7f; 22,7.12f.14f.17.20). Hinzu kommen die Beauftragungsvision (1,12–20) und die mehrfachen Bezugnahmen auf das vorliegende Buch (1,9–11; 22,6.10f. 16) samt der Kanonisierungsformel (22,18f).

| XX

4.1.1 Die Einleitung 1,1–3 steht in enger Beziehung zur Beauftragungsvision 1,9–20. Durch den Propheten Johannes soll den Glaubenden mitgeteilt werden, was „in Kürze geschehen muß". Gott selbst hat es ihm durch einen Engel geoffenbart. Wer das Buch vorliest und alle, die die prophetischen Worte hören, werden daher selig gepriesen.

4.1.2 So sehr es Aufgabe eines Engels ist, dem Propheten zu zeigen und zu erklären, was geschehen wird (vgl. 1,1b; 19,9f; 22,6–9), es ist der erhöhte Menschensohn selbst, der ihm in himmlischer Herrlichkeit als „der Erste und der Letzte" und „der Lebendige", der den Tod überwunden hat, erscheint (1,12–18) und der ihn beauftragt (1, 19f). Es handelt sich dabei nicht um eine Berufungsvision; denn Johannes ist ja schon wegen seines prophetischen „Zeugnisses für Jesus" nach Patmos verbannt. Dort gerät er an einem „Herrentag" in Ekstase und erhält den Auftrag, alles, was er sehen wird, niederzuschreiben (1,9–11).

4.1.3 Daß Johannes sich der Rahmengattung eines Briefes bedient, um diesen Auftrag auszuführen, hängt einerseits damit zusammen, daß es ihm nicht unmittelbar möglich ist, die ihm zuteil gewordene Offenbarung den Gemeinden zu verkünden. Es hat andererseits aber auch darin einen Grund, daß der Brief eines Apostels oder Propheten in den ältesten Gemeinden noch vor den Evangelien eine besondere gottesdienstliche Funktion erhalten hat, wie die Paulusbriefe zeigen (vgl. 1 Thess 5,27). Gemäß dem erhaltenen Auftrag richtet Johannes seine Schrift an die sieben Gemeinden in der Provinz Asia (1,4.5a.11).

4.1.4 Die mit dem Briefformular verbundenen liturgischen Elemente geben einen Einblick in die gottesdienstliche Praxis der urchristlichen Zeit. Das betrifft auch die Stellung des Propheten in den Gemeindeversammlungen. Er bezeugt nicht nur mit einer geprägten Bekenntnisaussage den Glauben an Christus (1,5b.6), er wendet sich auch im Namen Gottes und des Erhöhten an die Glaubenden (1,7.8; 2,1–3,22; 22,12f.16b.20a).

4.2 Die Sendschreiben

4.2.1 Die sieben Sendschreiben in Kap. 2–3 richten sich an die in 1,11 genannten Gemeinden. Diese Sendschreiben sind charakteristische Stücke prophetischer Rede: Sie werden „geschrieben", sind aber unmittelbare Anrede der Gemeinden durch den erhöhten Herrn, die von dem Propheten vermittelt wird. Sie richten sich an den himmlischen Repräsentanten der einzelnen Gemeinden, ihren „Engel", und zugleich an die konkreten irdischen Gemeinden selbst. Was diese Sendschreiben auszeichnet, ist ihre Struktur. Die einleitende Wendung „Das sagt ..." ist jeweils verbunden mit einer oder mehreren Hoheitsprädikaten über Christus, mehrfach unter Rückgriff auf die Beauftragungsvision. Dann folgt in der Ich-Rede des Erhöhten das anerkennende, ermahnende oder kritische Wort an die jeweilige Gemeinde. Abgeschlossen werden die Sendschreiben mit einem Aufruf zum rechten Hören – „Wer Ohren hat, der höre, was der Geist den Gemeinden sagt" – und einem sogenannten Überwinderspruch, wonach demjenigen, der am Glauben festhält, das endzeitliche Heil zuteil werden wird.

4.2.2 Die Gemeinden befinden sich in unterschiedlichen Situationen sowohl im Blick auf die äußeren Umstände als auch im Blick auf ihr Christsein, sei es, daß sie im Glauben gefestigt oder erheblich gefährdet sind. Bedrängnis gibt es in mehrfacher Weise. Sie kommt von heidnischer Seite, insbesondere in Zusammenhang mit dem Kaiserkult (2,10. 13), sie kommt von jüdischer Seite (2,9; 3,9), sie ist nicht zuletzt verursacht durch Irrlehrer, die die Gemeinden verunsichern; dazu gehören die „Nikolaiten" (2,6.15), eine „Prophetin Isebel" (2,20–23) oder Anhänger einer „Lehre Bileams" (2,14). Eine besondere Rolle spielt das Leiden bis hin zum Martyrium (2,13b).

4.3 Die Thronsaalvision

4.3.1 Die Thronsaalvision hat eine doppelte Funktion. Einerseits wird der vergänglichen irdischen Wirklichkeit die unvergängliche göttliche gegenübergestellt, andererseits wird sichtbar, daß das Heil bereits verwirklicht und das endzeitliche Geschehen in Gang gekommen ist.

4.3.2 Kap. 4 ist ein Lobpreis Gottes als des Allmächtigen durch die überirdischen Mächte. Gott wird in seiner Heiligkeit als Schöpfer gepriesen und als der, „der war, der ist und der kommt" (4,8b.11). Kap. 5 schildert dann die Einsetzung des geschlachteten Lammes an Gottes Seite. Mit seiner Inthronisation erfolgt die Übergabe des siebenfach versiegelten Buches, mit dessen Öffnung das Endgeschehen beginnt.

4.4 Die drei Siebener-Zyklen

4.4.1 Die drei Zyklen der sieben Siegel, sieben Posaunen und sieben Schalen dienen der Schilderung der endzeitlichen Drangsal, die der Heilsvollendung vorangeht. Die mehrfachen Ausblicke auf die himmlische Wirklichkeit in 7,1–17; 11,15–19; 14,1–5; 19,1–10 sollen die Gewißheit des bereits angebrochenen Heils bestärken. Dazu tritt in 14,6f eine erneute Botschaft des „ewigen Evangeliums" vom Himmel her an die ganze Welt, zugleich in 14,8–20 eine Vorausschau auf das Ende Babylons und das letzte Gericht. Was immer an Not und Leid auf Erden geschieht, es steht in Verbindung mit dem Geschehen im Himmel. Unter dieser Voraussetzung werden mit wechselnden Bildern Katastrophen und Leiden geschildert, die im Zusammenhang mit dem Ende der Welt und dem göttlichen Gericht stehen.

4.4.2 Bei diesen drei Visionszyklen stellt sich die Frage, ob sie ein fortlaufendes Geschehen beschreiben oder im Sinne einer Rekapitulation zu verstehen sind, d. h. als dreimalige Wiederholung derselben Ereignisse (so erstmals konsequent am Ende des 3. Jh. vertreten von *Victorin von Pettau*). Das ist aber keine echte Alternative. Es liegt zweifellos eine gewisse Wiederholung vor, zugleich aber eine Weiterführung im Sinn einer Steigerung. Auf diese Weise soll deutlich gemacht werden, daß die Katastrophen und Leiden vor dem Ende immer noch zunehmen werden.

4.4.3 Eng verbunden mit diesem Aufbau der Zyklen ist das hermeneutische Grundproblem, wie diese Visionen zu verstehen sind. Was in der Sieben Siegel-, der Sieben-Posaunen- und der Sieben-Schalen-Vision geschildert wird, sind keine Vorhersagen konkreter Ereignisse, an deren Eintreten der Ablauf der Endereignisse zu erkennen wäre. Es handelt sich vielmehr um Deutungsmodelle, mit deren Hilfe gegenwärtiges und bevorstehendes Geschehen in ihrem Zusammenhang und ihrer Tragweite erfaßt werden können. Indem traditionelle Motive aufgenommen werden, angefangen von den ägyptischen Plagen über Vorhersagen der alttestamentlichen und frühjüdischen Prophetie, werden geschichtliche Ereignisse in das Licht des göttlichen Handelns und seines beginnenden Gerichtes gestellt. Nicht der geschilderte Vorgang in seiner Vordergründigkeit ist daher ausschlaggebend, sondern die heils- und unheilsgeschichtliche Dimension, die darin aufleuchtet.

4.5 Die exkursartigen Abschnitte

Die Sieben-Siegel-Vision ist klar konzipiert (6,1–8,1). Auch die Sieben-Schalen-Vision ist trotz des ausführlichen Einschubs in Kap. 17–18 übersichtlich aufgebaut (15,1–19,8). Schwieriger ist die Gliederung der Sieben-Posaunen-Vision zu erkennen. Nach den vier ersten Posaunen (8,2.6–12) werden die drei folgenden zusätzlich als erstes bis drittes „Wehe" bezeichnet (8,13; 9,12; 11,14; vgl. 11,15). Insofern gehören 9,1–12; 9,13–11,14 und 11,15–13,18 zusammen (dazu kommt der Ausblick auf Heil und Gericht in 14,1–20); es sind aber mehrere exkursartige Abschnitte eingeschaltet, den den Blick auf besondere Sachverhalte richten.

4.5.1 Der erste Exkurs in 10,1–11 dient einer Bestätigung des Beauftragungsvision. Ein Engel vom Himmel kommt mit einem kleinen geöffneten Büchlein vom Himmel herab, das der Prophet in Analogie zu der Berufung Ezechiels in Ez 2,8–3,3 verschlingt (Offb 10,2.8–11). Verbunden damit ist eine Schwurhandlung, bei der dieser Engel verkündet, daß keine Zeit mehr sein wird, wenn erst der siebte Engel seine Posaune blasen wird (10,5–7). Wie bei der Sieben-Siegel-Vision entsteht damit der Eindruck, daß auch die Sieben-Posaunen-Vision eine in sich geschlossene Darstellung ist.

4 Zum Inhalt der Johannesoffenbarung

4.5.2 Das Bild von der Vermessung des Tempels in 11,1f verweist auf die bevorstehende äußere Einschränkung des gottesdienstlichen Lebens. Damit korrespondiert das Martyrium zweier Zeugen in 11,3–13. Es handelt sich um Endzeitpropheten, die nach dem Vorbild des wiederkommenden Mose und des wiederkommenden Elia gezeichnet sind. Sie sind die letzten Rufer zur Umkehr und Rettung, aber ihre Stimme wird nicht gehört. Ebenso wie „ihr Herr" gekreuzigt worden ist (11,8b), müssen sie den Tod erleiden.

4.5.3 Nachdem mit der sechsten Posaune das zweite „Wehe" über die Welt ergangen ist (11,14) und mit der siebten Posaune ein Jubel im Himmel einsetzt (11,15–19), folgt in Kap. 12 ein weiterer Exkurs. Mit Hilfe des Bildes der himmlischen Frau und des Drachen wird die Gefährdung und die Errettung der Glaubensgemeinschaft umschrieben. Wegen seiner zahlreichen mythologischen Motive ist dieser Text besonders schwierig und umstritten. Es empfiehlt sich, von dem Mittelstück in 12,7–12 auszugehen. Der Erzengel Michael mit seinen Engeln bekämpft und überwindet den als Drachen geschilderten Satan (12,9), der fortan keinen Platz mehr im Himmel hat, sondern auf die Erde geworfen ist (vgl. Lk 10,18); während im Himmel der Lobpreis über den Sturz Satans angestimmt wird, setzt er allerdings auf Erden sein Treiben noch fort. Die himmlische Frau, die mit Sonne, Mond und Sternen umgeben ist, erfährt nach dem Eingangsabschnitt 12,1–6 bereits vor dem Satanssturz seine Feindschaft; denn sie ist schwanger, er aber will ihr Kind verschlingen, das jedoch nach seiner Geburt zu Gott entrückt wird, während sie in die Wüste flieht. Das wiederholt sich nach 12,13–17 auf Erden: Der Drache verfolgt die Frau in der Wüste und versucht, sie zu vernichten; sie wird aber wunderbar gerettet, wodurch der Drache in Zorn gerät und nun Krieg führt mit ihren übrigen Nachkommen. Verständlich wird das, wenn man berücksichtigt, daß dem irdischen Geschehen nach apokalyptischem Denken ein himmlischer Vorgang entspricht. So ist im Eingangsteil die Gefährdung der Frau und ihres Kindes im Sinn des urbildhaften himmlischen Geschehens zu verstehen, wozu das korrespondierende geschichtliche Geschehen der Geburt und der Erhöhung Jesu mitgedacht werden muß. Im Schlußteil geht es dann aufgrund der Flucht der Frau in die Wüste und des Sturzes Satans um eine Begebenheit, bei dem die Frau die Repräsentantin der verfolgten Kirche ist. Bei der Frau verbinden sich also urbildliche und konkret-geschichtliche sowie individuelle und kollektive Elemente. Hat der erste Teil eine christologisch-soteriologische Intention, so der letzte eine unverkennbar ekklesiologische. Die Frau ist insofern sowohl das himmlische Urbild der Mutter Jesu als auch das Urbild der Kirche. Hier zeigt sich, wieviele Aspekte und Dimensionen sich mit einem symbolisch verwendeten Bildmotiv verbinden können.

4.5.4 Kap. 13 über den Antichristen ist mit dem vorangehenden Text eng verknüpft. Nach 12,18 tritt ja der Drache an den Strand des Meeres, aus dem dann die beiden Tiere, der Antichrist und sein Prophet, aufsteigen. Diese Darstellung ersetzt in gewisser Weise das dritte „Wehe", hat aber eine selbständige Funktion. Der Drache hat dem Antichristen, der in Entsprechung zu Kap. 5 tödlich verwundet ist, aber geheilt wird, seine Gewalt und seinen Thron übergeben, damit die Menschen von Gott abfallen und den Satan anbeten (13,2–10). Das zweite Tier unterstützt ihn in seinem Handeln und führt ebenfalls einen Kampf gegen die Heiligen (13,11–13). Von ihm wird die Errichtung eines Standbilds des Antichristen veranlaßt, das fortan zu verehren ist, wie jeder auch das Kennzeichen des Namens des Tieres und die Zahl seines Namens tragen soll (13,14–17). Die Zahl 666 ist im Sinn der in der Antike beliebten Gematrie (Zahlensymbolik) die Umschreibung eines Namens und bedeutet Nero (13,18). Der Text handelt somit von dem als „Nero redivivus" geschilderten Antichristen und seines Gehilfen.

4.5.5 Kap. 17f bereitet kaum Schwierigkeiten. Es ist eine sehr drastische Schilderung der Hure Babylon, über ihre Verfallenheit an die Sünde und ihre Gottlosigkeit, sowie über ihren Untergang, wobei dem anschließenden himmlischen Triumphgesang hier die irdische Klage korrespondiert. Wie Kap. 13 den Kaiserkult im Blick hat, so ist die Hure Babylon Symbol für das sündhafte und gottlose Imperium Romanum.

4.6 Die Schlußvision

Die Schlußvision in 19,11–22,5 ist zweigeteilt. Zuerst wird der Abschluß der geschichtlichen Ereignisse geschildert, dann die Vollendung des Heils.

4.6.1 Der erste Teil dieser Vision enthält zunächst die Schilderung der Parusie Jesu Christi, der hier „das Wort Gottes" genannt wird und die Unheilsmächte überwindet (19,11–21). Es folgt die aus der frühjüdischen Apokalyptik bekannte Vorstellung eines messianischen Zwischenreiches (20,1–6), nach dessen Ablauf die Vernichtung aller widergöttlichen Mächte und das Jüngste Gericht stattfinden (20,7–10.11–15). Während Parusie- und Gerichtsschilderung sich in die sonstige urchristliche Tradition einfügen, ist schwer zu sagen, was der Verfasser mit dem 1000jährigen messianischen Zwischenreich gemeint hat; die Zeit der Kirche kann es nicht sein, eher ist an eine besondere Heilserfahrung während oder nach der Drangsal zu denken.

4.6.2 Die umfangreiche Darstellung des vollendeten Heils (21,1–22,5) steht unter dem Leitgedanken des Gotteswortes: „Siehe, ich mache alles neu" (21,5). Es geht um das neue Jerusalem, die vom Himmel herabkommende Gottesstadt (21,9–21), in der es keinen Tempel mehr geben wird, weil Gott selbst und das Lamm in ihr wohnen (21, 22f). In ihr werden die Geretteten aus allen Völkern Heimat finden (21,24–22,5).

5 Eigenart und Bedeutung der Johannesoffenbarung

5.1 Die Johannesoffenbarung steht nicht zufällig am Ende der Bibel. In ihr ist die Zukunftsorientierung der biblischen Botschaft am deutlichsten ausgeprägt. Sie kommt in ihrem Inhalt den frühjüdischen apokalyptischen Texten am nächsten. Ähnlich wie dort werden die himmlische Welt, die Drangsal, die Parusie, das Gericht und das endzeitliche Heil ausführlich geschildert. Das geht nicht auf Kosten der christlichen Gewißheit, daß das Heil bereits angebrochen ist und in der Gegenwart erfahren werden kann. Was diese urchristliche Schrift von den jüdischen Apokalypsen unterscheidet, ist ja gerade das Wissen um das gegenwärtige Heil und die erfahrbare Zugehörigkeit zur Heilsgemeinschaft. Daß Jesus Christus sich mit seinem Tod für die Menschen hingegeben hat und als das „geschlachtete Lamm" von Gott zum richtenden und heilstiftenden „Menschensohn" im Himmel eingesetzt worden ist, durchstrahlt alle Not und Drangsal. Er ist „der Erste und der Letzte", er hält die „Schlüssel des Todes und der Unterwelt" in seiner Hand, und er ist es, der seiner Gemeinde in allen Anfechtungen und Bedrängnissen beisteht.

5.2 Wie in der Konzeption von Mk 13∥Mt 24–25 ist die gesamte Zeit zwischen der Auferstehung und Erhöhung Christi und seiner Parusie als Zeit der eschatologischen Drangsal verstanden. Diese Überzeugung steht unter dem Vorzeichen, daß den Glaubenden das Heil auf Erden nur unter Bedrängnis und Leiden zuteil wird. Die Drangsal ist Zeichen dafür, daß die Geschichte der Welt ihrem Ende entgegengeht und daß alles Böse und die Sünde dem richtenden Urteil Gottes unterliegen werden.

5.3 Protologie und Eschatologie korrespondieren miteinander. Nicht zufällig wird in diesem Buch Gott immer wieder als der Schöpfer der Welt gepriesen. Er ist es aber auch, der seiner Schöpfung neben dem Anfang das Ende und das Ziel gesetzt hat. So steht alles irdische Geschehen im Zusammenhang mit seinem Willen und Handeln. Das gilt auch dort, wo es um geradezu erschreckende Ereignisse geht. Die Glaubenden dürfen wissen, daß derartiges ebenfalls dem Walten Gottes unterliegt und daß sie selbst trotz aller äußeren Gefahr unter seinem Schutz stehen.

5.4 Die Tatsache, daß das Böse zunehmend an Macht gewinnt, ist eine Folge der menschlichen Abwendung von Gott. Es ist die Verstrickung in die Sünde, aus der die Menschen sich nicht befreien können, aus der sie sich aber mehrheitlich auch nicht befreien lassen wollen. Da der an alle Menschen ergehende Umkehrruf nicht gehört wird, gewinnen stattdessen die Mächte der Verführung unabsehbaren Einfluß. So bleibt es beim Verfallensein an die Sünde, und es kommt zum scheinbaren Triumph des Antichristen und der Hure Babylon. Aber das Böse hat vor Gott keinen Bestand und wird von ihm gerichtet und überwunden.

5.5 Die Johannesoffenbarung ist ein Trostbuch. Sie will in prophetischer Vollmacht bezeugen, daß trotz allen Leidens und aller irdischen Katastrophen Gott und der erhöhte Christus das Geschick der Welt in Händen haben. Die Symbolsprache mit ihren vielen Bildmotiven ist dazu bestimmt, das irdische Geschehen transparent zu machen für die transzendente Wirklichkeit, um auf diese Weise den Glauben zu stärken und den Blick der Gemeinde nach oben und nach vorn zu richten.

§ 15 Christliche Apokalyptik in der Übergangszeit zur Alten Kirche

1 Nachwirkungen urchristlicher Apokalyptik zu Beginn des 2. Jahrhunderts

In den spätneutestamentlichen und den frühen nachneutestamentlichen Schriften zeigt sich ein für die Folgezeit sehr charakteristisches Phänomen: Indem durch die Konzentration auf die Christologie und das gegenwärtige Heil die Eschatologie, gleichzeitig aber auch die Prophetie zurücktritt, wird die apokalyptische Denkweise zunehmend umgeschmolzen oder verdrängt. Das läßt sich im Neuen Testament neben dem Johannesevangelium und teilweise den Johannesbriefen sowohl beim Kolosser- und Epheserbrief als auch beim Hebräerbrief feststellen. Bei den Apostolischen Vätern ist es besonders deutlich bei Ignatius von Antiochien, aber auch im 1. Klemensbrief und im Barnabasbrief zu beobachten. Vgl. die nachneutestamentlichen Texte in der zweisprachigen Ausgabe von *Andreas Lindemann/Henning Paulsen*, Die Apostolischen Väter, Tübingen 1992. Anders steht es mit den beiden spätesten, erst zu Beginn des 2. Jahrhunderts entstandenen Schriften des Neuen Testaments und mit der Didache.

1.1 Der Judas- und der Zweite Petrusbrief

1.1.1 Beim Judasbrief ist ein ähnlicher Sachverhalt wie in den Johannesbriefen festzustellen: Apokalyptische Motive werden im Zusammenhang mit dem Auftreten von Irrlehrern verwendet. Was sonst eine weltweite Drangsal bezeichnet, wird hier auf die Bedrängnis der Gemeinde durch Lehre und Lebensweise von „eingeschlichenen Leuten" (V. 4) bezogen. Das hat seinen Anhaltspunkt darin, daß zur eschatologischen Drangsal auch das Auftreten von Pseudopropheten gehört (vgl. Mk 13,5f.21f parr); aber hier ist es das einzige Kennzeichen der dem Jüngsten Ge-

1 Nachwirkungen der urchristlichen Apokalyptik

richt vorangehenden Zeit. Dabei werden neben dem Alten Testament Motive aus der jüdischen Apokalyptik, insbesondere dem Henochbuch, aufgegriffen und typologisch auf die Häretiker angewandt; das gilt für den Engelfall (V. 6), für Sodom und Gomorra (V. 7), für den Streit Michaels mit dem Teufel um den Leichnam Moses (V. 8–10), für den „Weg Kains" und den „Irrtum Bileams" (V. 11–13). Den Irrlehrern gilt daher auch die Vorhersage Henochs im Blick auf das Gericht (V. 14–16; vgl. V. 4). Demgegenüber wird die Gemeinde ermahnt, an dem „ein für allemal überlieferten Glauben" festzuhalten (V. 3; vgl. V. 20–23) und der Worte der Apostel zu gedenken, die das Auftreten von „Spöttern" (ἐμπαῖκται) in der Endzeit vorhergesagt haben (V. 17–19).

1.1.2 Der 2. Petrusbrief hat in Kap. 2 den Judasbrief integriert, bezeichnenderweise aber alle Anspielungen auf das Henochbuch getilgt. Es sind daher nur Motive festgehalten und typologisch angewandt, die im Alten Testament vorkommen (vgl. 2,4–11.15f). Hier wird ausdrücklich von dem Auftreten von „falschen Propheten" und „falschen Lehrern" gesprochen (2,1). Im übrigen ist die Schilderung des Verhaltens der Irrlehrer ausgebaut (vor allem in 2,12–22). Umgestaltet ist gegenüber Jud 14–16 die Gerichtsankündigung: Nach dem vorangestellten und erweiterten Hinweis auf die Vorhersage der Apostel (3,1–7; vgl. Jud 17–19) geht es zunächst um das sich keineswegs verzögernde Kommen des Herrn, da doch vor Gott tausend Jahre wie ein Tag sind (3,8f); danach wird der „Tag des Herrn" erscheinen, der hier nun wieder mit kosmischen Ereignissen verbunden ist (3,10–13). Als sicheren Grund für das machtvolle Kommen Jesu Christi wird in 1,16–18 seine Verklärung angesehen. Es werden in dieser Schrift also verstärkt apokalyptische Motive aufgegriffen, und man kann durchaus von einer „Apologie der urchristlichen Eschatologie" sprechen, wie das *Ernst Käsemann* getan hat.

1.2 Die Didache

1.2.1 Die Didache ist in der ersten Hälfte des 2. Jahrhunderts entstanden, greift aber auf urchristliche Traditionen zurück. Sie steht daher dem Neuen Testament in Sprache und Charakter sehr nahe. Es handelt sich im ersten Teil Kap. 1–6 um Paränese, im zweiten Teil Kap. 7–15 um eine Kirchenordnung, in der Anweisungen über den Vollzug der Taufe (Kap. 7), die Liturgie der Abendmahlsfeier (Kap. 8–10), das Verhalten gegenüber Propheten (Kap. 11–13), die Sonntagspraxis (Kap. 14) und die Einsetzung von Bischöfen und Diakonen gegeben werden (Kap. 15). In Entsprechung zur urchristlichen Paränese wird diese Schrift in Kap. 16 mit einem eschatologischen Ausblick abgeschlossen.

1.2.2 Der Schlußteil Kap. 16 enthält deutlich apokalyptische Elemente. Der Aufruf zu Wachsamkeit und Glaubensfestigkeit (16,1f) ist verbunden mit der Warnung vor Abfall (16,3–5). Dieser Abschnitt stellt eine Parallele zu Mk 13 und zu 2Thess 2,1–12 dar, berührt sich auch mit Motiven aus Offb 13. Nach Did 16,4f wird in der Zeit der eschatologischen Drangsal neben Pseudopropheten und Verderbern der „Weltverführer" (κοσμοπλάνος) „wie der Sohn Gottes" auftreten und „Zeichen und Wunder" tun. Er wird Freveltaten begehen, „wie sie noch niemals seit Urzeiten geschehen sind". Es kommt zu Abfall, aber auch zu Glaubensbewährung. Schließlich wird nach 16,6–8 das „Zeichen der Wahrheit" erscheinen: die Öffnung des Himmels, der Ton der Posaune und die Auferweckung der Toten; dann wird „der Herr" auf den Wolken des Himmels sichtbar werden und Gericht halten (vgl. dazu *Wilhelm Schneemelcher*, Neutestamentliche Apokryphen [5]II, Tübingen 1989, S. 535–537).

2 Die Petrusoffenbarung

Unter den apokryphen Schriften ist die Petrusoffenbarung ein wichtiges Dokument frühchristlicher Apokalyptik. Sie muß spätestens in der Mitte des 2. Jahrhunderts entstanden sein und ist seitdem anscheinend relativ weit verbreitet gewesen. Das zeigen die Zitate bei dem Apologeten *Theophilus von Antiochien* und bei *Klemens Alexandrinus*; letzterer billigte ihr geradezu einen kanonischen Rang zu, da er sie für eine Schrift des Petrus hielt (analog zum 2. Petrus-

2 Die Petrusoffenbarung

brief). Sie wird dann aber von *Eusebius* zu den unechten, im sogenannten *Canon Muratori* zu den umstrittenen Schriften gerechnet. Immerhin ist sie wohl zeitweise im christlichen Gottesdienst verwendet worden.

2.1 Zur Textüberlieferung

2.1.1 Der Text der Petrusoffenbarung ist 1887 zusammen mit dem Petrusevangelium bei einem Fund in Achmim in Oberägypten erstmals aufgetaucht. Die beiden griechisch geschriebenen Schriften sind nur fragmentarisch erhalten. Seit 1910 ist noch eine äthiopische Übersetzung der Petrusoffenbarung bekannt, die weitgehend vollständig ist. Außerdem gibt es noch zwei kleine griechische Fragmente und einige Kirchenväterzitate. Der griechische Text, soweit erhalten, ist herausgegeben von *Erich Klostermann* in: Apocrypha I (Kleine Texte für Vorlesungen und Übungen Nr. 3), Berlin 1933. Eine deutsche Übersetzung unter Berücksichtigung der äthiopischen Fassung ist erschienen bei *Schneemelcher*, Neutestamentliche Apokryphen II, S. 562–578. Zu beachten ist, daß diese Petrusoffenbarung nicht identisch ist mit der Apokalypse des Petrus aus Nag Hammadi (vgl. 5.3.1).

2.1.2 Die uns erhaltenen Texte in griechischer und äthiopischer Sprache stimmen weder im Umfang noch in der Reihenfolge oder im Stoff überein. Es muß also mehrere Fassungen gegeben haben. Immerhin ist nicht zu übersehen, daß die beiden überlieferten Fassungen auf eine gemeinsame Vorlage zurückgehen. Das ist an dem Paralleldruck in Neutestamentliche Apokryphen II gut zu erkennen.

2.2 Zu Inhalt und Aufbau

2.2.1 Der griechische Text beginnt mit der Vorhersage des Erscheinens falscher Propheten und des rettenden Eingreifens Gottes (V. 1–3). Es folgt eine Nacherzählung der Verklärungsgeschichte (V. 4–13), die einmündet in die Frage, wo sich die Gerechten befinden (V. 14). Daraufhin bekommt Petrus einen „weit ausgedehnten Ort außerhalb dieser Welt" gezeigt (V. 15–20). Anschließend kann er auch den ausführlich geschilderten „Ort der Strafe" sehen (V. 21–34). Mit den Worten: „Das waren die, die den Weg Gottes verlassen hatten", endet das Fragment. Ob dies der Schluß der Offenbarungsschrift war, ist unklar und eher unwahrscheinlich. Eindeutig ist, daß hier der Anfang fehlt, der aber aus dem äthiopischen Text noch zu erkennen ist.

2.2.2 Nach dem äthiopischen Text befindet sich Jesus mit seinen Jüngern am Ölberg. Sie fragen ihn wie in Mk 13 nach dem Zeichen für die Parusie und nach dem Ende der Welt. Es folgt eine Zusammenfassung der Vorhersagen der synoptischen Apokalypse einschließlich des Gleichnisses vom sprossenden Feigenbaum (Kap. 1 und Anfang von Kap. 2). Dieses Gleichnis gibt Anlaß zu einer neuen Frage, woraufhin Jesus von den Verführern und dem „Lügnerischen" spricht, der nicht Christus ist, sondern der Antichrist; dieser wird aber von Henoch und Elia überführt (Kap. 2). Der folgende Text beginnt mit der Frage nach den Abgeschiedenen. Zuerst wird noch ausführlicher als im griechischen Text das Geschick der Gottlosen in der Hölle geschildert (Kap. 3–12); dann ist von den Auserwählten und Gerechten die Rede (Kap. 13–14). Die äthiopische Fassung mündet schließlich ein in die Nacherzählung der Verklärungsgeschichte und endet mit den Worten: „Und wir beteten und gingen vom Berg herab, indem wir Gott priesen, der die Namen der Gerechten im Himmel in das Buch des Lebens eingeschrieben hat" (Kap. 15–17).

2.3 Zum Charakter der Schrift

2.3.1 Die Anlehnung an die Evangelientradition ist unverkennbar. Das gilt für die Übernahme der Verklärungsgeschichte, die als Vorausdarstellung des endzeitlichen Heils im einen Fall am Anfang, im anderen am Ende steht (vgl. 2Petr 1,16–18). Hinzu kommt in der äthiopischen Fassung die zusammenfassende Rekapitulation der synoptischen Apokalypse. Das Schwergewicht fällt aber in beiden Schriften auf die Schilderungen der Hölle und des Paradieses. Die ausführliche Beschreibung der Hölle und ihrer

Strafen ist grausam und in ihrem Charakter höchst problematisch. Die Beschreibung des Paradieses ist demgegenüber in beiden Fassungen sehr knapp gehalten. Das Paradies wird als wunderbarer Garten dargestellt. Die Geretteten werden mit einem Engelsgewand bekleidet und leben unter den Engeln (vgl. den griechischen Text V. 15–20). Im äthiopischen Text tauchen zusätzlich die Motive von Elysium und Acherusia auf.

2.3.2 Was diesen Text kennzeichnet, ist die Gewichtsverlagerung auf die transmortale Jenseitsvorstellung, bei der Strafe und Heil erfahren werden. Die Wiederkunfts- und Gerichtserwartung fehlt in dem griechischen Text; sie ist in der äthiopischen Fassung zwar berücksichtigt, tritt aber völlig zurück. Trotz des Festhaltens an der apokalyptischen Tradition ist hier die ursprüngliche Enderwartung weitgehend preisgegeben.

3 Spätformen urchristlicher Prophetie

In Did 15,1 wird die Gemeinde aufgefordert, sich Bischöfe und Diakone zu wählen; denn „sie leisten euch ebenfalls den Dienst von Propheten und Lehrern". Der Text ist ein deutliches Zeichen dafür, daß die charismatischen Funktionen zurückgetreten und die institutionellen in den Vordergrund gerückt sind. Offensichtlich hat es inzwischen nur noch wenige Propheten gegeben; an der Wende vom 2. zum 3. Jahrhundert sind sie wohl ganz verschwunden und mit ihnen eine lebendige apokalyptische Prophetie. Charismatische Lehrer sind dagegen in der Folgezeit neben den kirchlichen Amtsträgern immer wieder aufgetreten. Als Spätformen der Prophetie sind hier der Hirte des Hermas und die montanistische Bewegung zu berücksichtigen.

3.1 Der Hirte des Hermas

3.1.1 Der Hirte des Hermas ist in der 2. Hälfte des 2. Jahrhunderts in Rom entstanden und in griechischer Sprache abgefaßt. Der Text ist in der griechischen Fassung nicht vollständig erhalten; es gibt aber eine lateinische Übersetzung, die die restlichen Abschnitte mitenthält. Die Schrift hat einen anderen Charakter als die bisher besprochenen Schriften. Sie besitzt zwar äußerlich die Gestalt einer Apokalypse, aber typisch apokalyptische Elemente sind nur teilweise aufgegriffen. Der Text ist in der zweisprachigen Ausgabe der Apostolischen Väter leicht zugänglich.

3.1.2 Der umfangreiche Text enthält drei große Teile: Visionen, Ermahnungen und Bilderreden (visiones, mandata, similitudines). Der Verfasser ist ein Prophet, der apokalyptische Motive mit heidnischen Traditionen zu verschmelzen sucht. Das zeigt sich gleich zu Beginn in der Verwendung einer antiken Romantradition. Dasselbe gilt für die Begegnung mit einer Greisin auf dem Weg zwischen Cumae und Rom, die deutlich die Züge der cumäischen Sibylle trägt. Auch sonst liegen Motive vor, die nicht aus jüdisch-christlicher Tradition stammen.

3.1.3 Entscheidend ist für den Verfasser Hermas, daß er durch einen „Hirten", nämlich den „Engel der Buße", zur Abfassung seines Werkes veranlaßt worden ist. Alleiniges Thema des Buches ist die Gegenwartssituation seiner Kirche und die ihm aufgetragene Ankündigung einer letztmaligen Gelegenheit zur Buße. Natürlich wird das im Blick auf die Zukunft ausgesagt, aber nirgendwo begegnet ein Geschichtsverständnis oder eine Zukunftsschau im apokalyptischen Sinn. Alles bleibt konzentriert auf den Bußruf und die Erneuerung der Kirche. Das erinnert in doppelter Weise an Johannes den Täufer: Hier wie dort geht es um eine prophetische Vollmacht und einen eindringlichen Umkehrruf. Was aber für Johannes im Zusammenhang mit der Enderwartung steht, ist bei Hermas ausgerichtet auf die wahre Gestalt der Kirche und die Zugehörigkeit zu ihr.

3.1.4 Der Hirte des Hermas zeigt, daß es in der Zeit seiner Entstehung durchaus noch eine lebendige Prophetie gibt und daß eine deutliche Abhängigkeit von apokalyptischen Traditionen erkennbar wird. Vor allem werden Stilformen der Apokalyptik übernommen. Aber die Grundkonzeption der urchristlichen Apokalyptik ist gleichwohl preisgegeben.

3.2 Die montanistische Prophetie

3.2.1 So sehr die Prophetie in einigen Spätschriften des Neuen Testaments oder der Apostolischen Väter zurückgedrängt erscheint, es ist unverkennbar, daß sie zumindest bis zum Ende des 2. Jahrhunderts lebendig geblieben ist. Sehr bezeichnend ist das Zeugnis des *Origenes* in Contra Celsum, wo *Kelsos* sich folgendermaßen äußert (VII,9): Es gäbe Leute, die sagen „Ich bin Gott oder Gottes Kind oder göttlicher Geist. Ich bin aber gekommen; denn schon vergeht die Welt und ihr, o Menschen, geht dahin wegen der Ungerechtigkeiten. Ich aber will euch retten, und ihr werdet mich wiederkommen sehen mit himmlischer Macht". Dabei wird auch auf ekstatische Phänomene und unfaßbare Worte hingewiesen.

3.2.2 Eine spezifische Form frühchristlicher Prophetie begegnet im 2. Jahrhundert in der montanistischen Bewegung. *Montanus* und seine Anhänger, vor allem die beiden Frauen *Maximilla und Priscilla*, beanspruchen, Vertreter einer „neuen Prophetie" zu sein, was mit einer Wiederbelebung der charismatischen Erfahrungen der urchristlichen Zeit verbunden ist. Montanus verstand sich gleichzeitig als Repräsentant Gottes, Christi und des Heiligen Geistes. Seine erneuerte Prophetie galt ihm als unmittelbare Vorstufe zur Vollendung. Vgl. die Textfragmente bei *Kurt Aland*, Bemerkungen zum Montanismus und zur frühchristlichen Eschatologie, in: ders., Kirchengeschichtliche Entwürfe, Gütersloh 1960, S. 105–148, dort S. 143–148. Zusammenhänge mit der Apokalyptik sind zweifellos vorhanden, sind hier aber in einen erheblich veränderten Kontext gestellt. Im Vordergrund stehen die Geisterfahrungen in der Gegenwart. Eine Zukunftserwartung fehlt dabei nicht; so wird das bevorstehende Herabkommen des himmlischen Jerusalem in Pepuza in Phrygien erwartet, wo das Zentrum der montanistischen Bewegung lag. Mit dem Tod der drei Hauptvertreter erlosch diese spezielle Form der Prophetie und der Naherwartung. In der Spätzeit trat dann vor allem eine rigoristische Ethik in der Vordergrund (vgl. *Tertullian*, der sich im Alter dieser Form des Montanismus angeschlossen hat).

3.2.3 Die schwärmerischen Tendenzen des Montanismus

haben in der Großkirche eine prinzipielle Skepsis gegen alle Formen der Prophetie verursacht. Das führte nicht nur zu einer bewußten Zurückdrängung prophetischer Erscheinung, sondern wirkte sich auch auf eine Einschränkung des apokalyptischen Denkens aus.

4 Die Verchristlichung jüdischer Apokalypsen

Bei der Besprechung der Apokalyptik des Frühjudentums war festzustellen, daß die dorther stammenden Schriften abgesehen vom Danielbuch durchweg in christlicher Tradition aufbewahrt worden sind. Das hat dazu geführt, daß in zahlreichen Fällen christliche Interpolationen oder Veränderungen vorgenommen wurden. Hier handelt es sich nun nicht mehr um eine lebendige Prophetie, sondern um literarische Adaptionen vorgegebener Schriften. Besonders aufschlußreich sind Texte, die gerahmt oder fortgeschrieben worden sind. Dazu gehören die beiden ergänzten Teile zum 4. Esrabuch, die als 5. und 6. Buch Esra bezeichnet werden, die Ascensio Jesajae und die christlichen Stücke der Oracula Sibyllina. Die Texte sind bei *Wilhelm Schneemelcher*, Neutestamentliche Apokryphen II, S. 579–619, leicht zugänglich.

4.1 Das 5. Buch Esra (= 4Esra 1–2)

4.1.1 Die kurze selbständige Apokalypse, die in den beiden ersten Kapiteln des 4. Esrabuches in lateinischer Fassung enthalten ist, beginnt mit einer Gerichtsrede gegen Israel. Das Volk wird angeklagt wegen der Sünden, die es seit dem Auszug aus Ägypten begangen hat (1,1–30a). Diese Anklage mündet ein in die Aussage: „Ich werde euch vertreiben von meinem Angesicht" (1,30b), was verbunden ist mit der Ankündigung: „Ich werde eure Wohnungen einem Volk geben, welches kommen wird, denen, die mich nicht gehört haben und doch glauben" (1,35; vgl. V. 36–40). Esra soll zwar noch einmal zu Israel gehen, aber er wird von ihnen verworfen (2,33).

4.1.2 Diesen Aussagen liegt eine ausgeprägte Substitutionstheorie zugrunde, bei der es nicht einmal darum geht, daß ein neues Gottesvolk aus Juden und Heiden an die Stelle des alten Gottesvolkes Israel treten wird, sondern es geht um ein Volk, das mit Israel nichts mehr zu tun hat. „Dies spricht der Herr zu Esra: Verkündige meinem Volk, daß ich ihnen (sc. den Heidenchristen) das Reich Jerusalem geben werde, welches ich Israel geben wollte" (2,10).

4.1.3 Dem neuen heidenchristlichen Gottesvolk gelten nun die Ermahnungen (2,20–33) und die in apokalyptischer Tradition stehenden Heilsverheißungen (2,11–19. 34–48). Zu beachten ist noch, daß in 2,43 die Gestalt eines sehr großen „Jünglings" (iuvenis) auftaucht, der den Geretteten im Himmel eine Krone aufsetzt; er wird in 2,47 als „Sohn Gottes" (filius Dei) bezeichnet.

4.2 Das 6. Buch Esra (= 4Esra 15–16)

4.2.1 Schon bei 5Esra 2,42–47 kann mit guten Gründen gefragt werden, ob die Krönung durch den „Jüngling" nicht speziell für die Märtyrer bestimmt ist. In 6Esra 15f geht es eindeutig um die Martyriumssituation, wie vor allem aus 15,7f.10f.52f hervorgeht. Wegen der Verfolgung der „Auserwählten" wird Gott nun Unheil über den Erdkreis bringen. In 15,5–16,35 liegt eine umfangreiche Gerichtsschilderung apokalyptischer Art vor, bei der auch das Motiv der Bestrafung der Hure Babylon vorkommt (15, 46–63). Daneben wird noch anderes Material aus der Apokalyptik aufgegriffen.

4.2.2 In 16,36–67 folgt eine Ermutigung der „Knechte des Herrn" im Blick auf die Zeit des Leidens. Hier sind viele Anspielungen auf neutestamentliche Texte zu erkennen. Abgeschlossen wird dieser Textabschnitt in 16,68–78 mit der Ermahnung, von Sünden abzulassen und in der Drangsal durchzuhalten; „denn Gott ist euer Führer" (16,76).

4.2.3 Auffällig ist bei diesem apokalyptischen Text im 6. Buch Esra, daß keinerlei christologische Aussagen vorkommen. Gott ist Richter, und er ist Beistand. Es handelt sich offensichtlich um eine adaptierte jüdische Überlieferung, die nicht konsequent verchristlicht wurde; natürlich sollte sie im Zusammenhang und Kontext des 5. Buches Esra, also der Einleitungskapitel, gelesen werden.

4.3   Die Ascensio Jesajae

4.3.1   Die „Himmelfahrt des Jesaja" ist vollständig nur in äthiopischer Übersetzung erhalten. Die Kap. 6–11 gibt es auch in lateinischer und slavischer Fassung. Ansonsten sind noch einige griechische und koptische Fragmente vorhanden.

4.3.2   Der Schrift liegt in Kap. 1–5 ein „Martyrium Jesajae" zugrunde, das eindeutig jüdischer Herkunft ist, in 3,13–5,1 aber einen christlichen Einschub hat. Es handelt sich um die Erzählung von der Zersägung des Propheten unter König Manasse, worauf auch Hebr 11,37 Bezug nimmt. Der jüdische Grundtext muß demnach im 1. Jh. n. Chr. bereits bekannt gewesen sein, ist aber offensichtlich erheblich älter (vgl. die Bedeutung des Motivs eines gewaltsamen Todes von Propheten in der vermutlich im 1. Jh. n. Chr. entstandenen Schrift „Vitae Prophetarum").

4.3.3   In christlicher Überlieferung ist dieser Märtyrererzählung außer dem Einschub in 3,13–5,1 noch die Vision einer Himmelfahrt (Himmelsreise) des Jesaja in Kap. 6–11 angefügt worden. Anlaß dazu war eine kurze Bemerkung in 5,7. Bei der Schilderung der Himmelsreise durch den ersten bis sechsten Himmel ist in 7,1–8,28 jüdisch-apokalyptisches Material aufgenommen worden. Erst bei der Schilderung des siebten Himmels in Kap. 9–11 liegt eine ausgesprochen christliche Darstellung der Herrlichkeit Gottes und Jesu Christi vor. Hier wird dem Propheten dann auch die künftige Offenbarung des Gottessohnes auf Erden, seine Menschwerdung, sein Tod und seine Auferstehung angekündigt. Außerdem werden ihm die himmlischen Bücher, die Kleider und Kronen für die Auserwählten und der „Engel des Heiligen Geistes" gezeigt. In 10,7ff hört Jesaja die Aufforderung, daß Christus herabsteigen soll auf die Erde und in das Totenreich, was er dann ebenfalls schauen darf.

4.3.4   In 11,2–22 liegt ein noch jüngerer Einschub vor, in dem die christlichen Motive verstärkt und zahlreiche Formulierungen aus neutestamentlichen Texten übernommen sind. Auch der Einschub in 3,13–5,1 dürfte gegenüber dem Grundbestand von Kap. 6–11 jünger sein. Die ursprüngliche christliche Ergänzung des Martyrium Jesajae ist wohl im 2. Jh. n. Chr. entstanden.

4.4 Die christlichen Sibyllinen

4.4.1 Wie in § 9 gezeigt wurde, sind heidnische Sibyllinen nur in wenigen Fragmenten erhalten geblieben. Die überlieferten Oracula Sibyllina sind in ihrem Grundbestand jüdisch und haben die Tendenz, Weissagungen heidnischer Herkunft nachzuahmen. Der jüdische Textbestand der Sibyllinen ist christlich aufgegriffen und fortgeschrieben worden, wobei es sich in den Büchern I–II sowie XI–XIV um Überarbeitungen handelt und in den Büchern IV–V christliche Ergänzungen vorliegen. Rein christlich sind die Bücher VI–VIII (IX–X sind nicht erhalten). Die christlichen Teile entstanden vermutlich Ende des 2. Jh. n. Chr.
4.4.2 Interessant sind zwei Hymnen auf Christus. Sie liegen in dem kurzen Buch VI und in Buch VIII,217–336 vor. Ansonsten zeigen sich, vor allem in Buch VII, gnostisierende Tendenzen, was eine Brücke darstellt zu den gnostisch-apokalyptischen Texten aus Nag Hammadi. Am stärksten tritt die Tradition der jüdisch-frühchristlichen Apokalyptik in Buch VIII hervor. Hier zeigt sich eine schroff antirömische Haltung; Rom wird dabei auch direkt beim Namen genannt. Angesichts seiner Freveltaten wird dem römischen Weltreich das Gericht Gottes und der Untergang angekündigt, was zugleich das Ende des Kosmos sein wird. Die Verfolgten, „Christi heiliger Stamm", werden gerettet werden.

5 Anhang: Sonstige apokalyptische Texte

5.1 Das Buch Elchasai

Die von *Origenes* und *Epiphanius* erwähnte Schrift ist ein sehr merkwürdiges Werk. Sie ist das Dokument eines synkretistisch-häretischen Judenchristentums. Der Text ist nur in 10 Fragmenten erhalten, sein Zusammenhang läßt sich nicht mehr rekonstruieren. Er muß noch im 2. Jh. n. Chr. entstanden sein, zeigt Berührungen mit apokalyptischem Denken, ist aber weder für die jüdische noch die christliche Apokalyptik wirklich kennzeichnend. Vgl. *Schneemelcher*, Neutestamentliche Apokryphen II, S. 619–623.

5.2 Die Paulus-Apokalypse

5.2.1 Es handelt sich um eine späte Schrift, die vermutlich erst gegen Ende des 4. Jh. n. Chr. entstanden sein dürfte, aber ältere apokalyptische Tradition verwertet. Sie geht von 2 Kor 12 aus, wo Paulus von einer Entrückung ins Paradies spricht, jedoch ausdrücklich sagt, daß das dort Gehörte unsagbar sei. Der Verfasser der Apokalypse, die Berührungen mit der Petrusoffenbarung, aber auch mit der Zephanja- und der Elia-Apokalypse erkennen läßt, legt nun dem Apostel eine ausführliche Berichterstattung in den Mund.

5.2.2 Im Zentrum steht wieder das Motiv der Himmelsreise. Der Apostel gibt aufgrund seiner Entrückung eine ausführliche Schilderung des Paradieses, dann der Hölle, in der auch Presbyter und Bischöfe schmachten. Paulus kehrt wieder in das Paradies zurück. Da der Text an dieser Stelle abbricht, fehlt der Schluß mit dem Abstieg auf die Erde.

5.3 Gnostische Apokalypsen aus Nag Hammadi

5.3.1 Ausdrücklich als „Apokalypsen" bezeichnet werden eine Petrus-Apokalypse (NHC VII,3) und eine Paulus-Apokalypse (NHC V,2, nicht identisch mit der zuvor besprochenen Schrift), ferner eine 1. und 2. Jakobus-Apokalypse (NHC V,3.4) und eine Adams-Apokalypse (NHC V, 5). Die beiden ersten Texte sind von *Schneemelcher*, Neutestamentliche Apokryphen II, S. 628–643, aufgenommen; die übrigen Texte sind zu finden bei *James Robinson* (Ed.), The Nag Hammadi Library in English, Leiden

5 Anhang: Sonstige apokalyptische Texte

³1988, S. 260–286. Geht man vom Charakter dieser Texte aus, dann lassen sich noch andere Schriften aus Nag Hammadi dieser Gattung zuordnen, auch wenn sie nicht ausdrücklich Apokalypsen genannt werden; die Bezeichnungen sind im Blick auf den Inhalt nicht präzise voneinander abgegrenzt.

5.3.2 Soweit von „Apokalypsen" bei diesen Schriften die Rede ist, handelt es sich um einen anders verstandenen Offenbarungsbegriff. Die genannten gnostischen Apokalypsen sind daher trotz einzelner Berührungen mit den apokalyptischen Schriften des Frühjudentums und des Urchristentums nicht wirklich vergleichbar. Der entscheidende Unterschied liegt darin, daß jede geschichtliche Dimension und eine Eschatologie im biblischen Sinn fehlen. Es geht allein um das Gegenüber von irdischer und himmlischer Wirklichkeit und um die Erkenntnis des göttlichen Ursprungs. So sind Heil und Unheil zeitlos im Sinn permanenter Gegenwart.

IV Abschließende Überlegungen

§ 16 Eigenart und Bedeutung der frühjüdischen Apokalyptik

1 Die Konzeption der Apokalyptik

1.1 Die Apokalyptik steht im Gefolge der exilisch-nachexilischen Prophetie Israels. Sie ist vom 5.–3. Jh. v. Chr. schrittweise vorbereitet worden und setzte sich seit dem 2. Jh. v. Chr. als eigenständige Konzeption neben der traditionellen Sicht durch. Sie hat außer der prophetischen Tradition auch weisheitliche Elemente aufgenommen und etliche Fremdeinflüsse integriert. Bis zum Beginn des 2. Jh. n. Chr. ist die jüdische Apokalyptik lebendig geblieben und in verschiedener Weise ausgebaut worden. Obwohl ihr Trägerkreis nicht eindeutig zu identifizieren ist – am ehesten kommen dafür die sogenannten „Asidäer" in Frage –, haben die Vertreter der Apokalyptik neben den anderen Gruppen des Frühjudentums einen erheblichen Einfluß auf das Leben und Denken und nicht zuletzt auf die Zukunftserwartung jener Zeit gehabt.

1.2 Besondere Bedeutung hat in der Apokalyptik die Geschichtsauffassung. Geschichtliches Denken spielte in Israel seit der Frühzeit eine Rolle. Es hat sich in den alttestamentlichen Geschichtswerken und in der Prophetie Ausdruck verschafft. Die irdische Wirklichkeit wird nicht von der Natur her und einem ewigen Kreislauf des Werdens und Vergehens verstanden wie weitgehend sonst in der Antike, sondern es wird nach Ursprung und Ziel geschichtlichen Geschehens gefragt. Entscheidend ist der Glaube an den einen Gott als Schöpfer und Herr der Welt. Eine besondere Rolle spielt dabei die Erwählung Israels. Während sich die traditionelle Geschichtsschau auf das Geschick dieses Volkes konzentriert und die anderen Völker nur im Blick hat, soweit sie zu Israel in einer Beziehung stehen, geht es in der Apokalyptik um eine universale Geschichtsschau, bei der Israel jedoch weiterhin eine zentrale Stellung besitzt. Ist es anfangs ein Bild der Weltreiche seit der

1 Die Konzeption der Apokalyptik

Zeit des Exils bis zu deren Untergang, so weitet sich der Blick alsbald aus auf die Geschichte der Welt von der Schöpfung bis zur Endzeit.

1.3 Was die Apokalyptik gegenüber der vorausgegangenen Prophetie Israels auszeichnet, ist die Verbindung der universalen Geschichtsschau mit der konsequenten Gegenüberstellung einer irdischen und einer jenseitigen, zukünftigen Wirklichkeit (alter und neuer, dieser und der kommende Äon). Die Geschichte findet ihr Ziel nicht in einer idealen irdischen Zukunft, und sei es eine Restitution der Schöpfung, sondern ist ausgerichtet auf die transzendente neue Wirklichkeit, die alles Innerweltliche ablösen wird. Damit gewinnt das Denken einen ausgesprochen dualistischen Zug.

1.4 Während die traditionelle Geschichtsauffassung und die Prophetie Israels bei aller Unheilserfahrung mit einem stets neuen Heilshandeln Gottes rechnet, gibt es für die Apokalyptik keine Heilserfahrung innerhalb der Geschichte. Es gibt nur erkennbare Zeichen für das verheißene Heil. Das sind die Erwählung Israels und die Gabe des Gesetzes, von dessen Befolgung die Teilhabe am Heil abhängt; hinzu kommen die Offenbarungen der göttlichen Geheimnisse. Eine Verwirklichung des Heils wird es erst im neuen Äon geben. Der gegenwärtige Äon ist durch Unheil und die Macht des Bösen gekennzeichnet.

1.5 Im Blick auf das Unheil wird die Sünde zu einem besonderen Problem. Sünde hat es auch nach den älteren Überlieferungen Israels von Anfang an gegeben, und die Geschichte wurde davon mitbestimmt. In der Apokalyptik wird dieser Gedanke radikalisiert und als eine den ganzen Kosmos und alle Kreatur betreffende Macht verstanden, wodurch das Böse sich durchgesetzt hat. Neben der Urschuld des Menschen wird in vielen Fällen auf den Engelfall Bezug genommen, um die allgemeine Verfallenheit an das Böse zu verdeutlichen. Letztlich bleibt aber für die Apokalyptik die Sünde ebenso wie die Realität des Bösen und des Unheils unerklärbar. Deshalb muß von den Gesetzestreuen das Leiden angenommen und ertragen werden. Für jeden, der Rettung erstrebt, gilt es, in allen Nöten dieser Welt durchzuhalten.

1.6 Im Zusammenhang mit dem Bösen und dem Unheil

in der Welt ist die Vorstellung eines Endgerichts von besonderer Bedeutung. Entscheidend ist für apokalyptisches Denken, daß das Böse vor Gott keinen Bestand hat und seinem Strafurteil verfällt. Ob dieses Endgericht als forensischer Gerichtsakt verstanden wird oder als eine Vernichtung alles Bösen und Widergöttlichen, ist dabei von untergeordneter Bedeutung. Mit der Erwartung eines Endgerichtes korrespondiert die Vorstellung von einem Strafort, an dem die Gottlosen dereinst existieren müssen.

1.7 Das Endheil bricht an, wenn das Gericht vollzogen und die irdische Wirklichkeit vergangen ist. Die Auferweckung der Toten betrifft in jedem Fall diejenigen, die am neuen Äon teilbekommen. Sie werden, sofern sie nicht überhaupt vor dem Gericht bewahrt bleiben, nach dem Gerichtsurteil verwandelt in die jenseitige Wirklichkeit Gottes aufgenommen. Wieweit es eine Auferweckung der Toten für alle gibt, hängt mit der nicht einheitlichen Vorstellung vom Endgericht zusammen; bei einem forensischen Gerichtsakt muß jeder vor Gottes Thron erscheinen, daher auch auferweckt sein.

1.8 Die Gestalt eines Heilsmittlers taucht nicht in allen apokalyptischen Schriften auf. Die theozentrische Auffassung steht eindeutig im Vordergrund: Gott selbst ist es, der in allem Geschehen waltet, der richtet und der das Heil verwirklicht (vgl. AssMosis). Eine besondere Rolle spielt nur der „Menschensohn": Ist er anfangs lediglich der Repräsentant der Heilsgemeinschaft (Dan 7), so gewinnt er später die Funktion des Richters, der im Auftrag Gottes das Endgericht durchführt (Bilderreden des äthHen, 4Esra 13), vereinzelt aber auch die Funktion des Heilsmittlers (Bilderreden). Demgegenüber hat die Messianologie, soweit sie in transformierter Gestalt aufgegriffen wird, nur eine untergeordnete Stellung im Zusammenhang einer vorläufigen Heilszeit.

2 Zur Bedeutung der frühjüdischen Apokalyptik

2.1 Die frühjüdische Apokalyptik hat ihre Bedeutung vor allem darin, daß sie mit ihrer Geschichts- und Heilsauffassung die entscheidende Brücke zu Jesus und der Urchristenheit darstellt. Die Bindung an die Jüdische Bibel ist ohne die Vermittlung der Apokalyptik nicht zu verstehen. Das ist unabhängig davon, ob in der neutestamentlichen Überlieferung das apokalyptische Denken transformiert, reduziert oder wieder verstärkt aufgenommen worden ist. Die Abhängigkeit ist ausschlaggebend und konstitutiv.

2.2 Aber auch für das Judentum selbst hat die Apokalyptik eine wichtige Funktion gehabt. Das betrifft zunächst einmal die geschichtliche Situation zwischen dem 2. Jh. v. Chr. und dem 2. Jh. n. Chr., in der die apokalyptische Prophetie neben der traditionellen Erwartung zunehmend Bedeutung erlangte. Das trug dazu bei, daß die Enttäuschung über diesseitige Erwartungen nach den Aufständen von 66–70 und 132–135 bewältigt werden konnte. Es betrifft sodann den nicht zu unterschätzenden Einfluß, den die Apokalyptik, obwohl sie als Gesamtkonzeption nicht übernommen wurde, auf die weitere jüdische Frömmigkeit und Theologie gewonnen hat. Gegenüber irdischen Heilsvorstellungen, obwohl diese nicht völlig aufgegeben wurden, ist hier die Transzendenz des Heils klar zur Geltung gekommen. Im Zusammenhang damit hat die schon in vorchristlicher Zeit ausgebildete Auffassung von der Auferweckung der Toten und die Vorstellung eines Endgerichtes besondere Bedeutung erlangt. Nicht zufällig wurden solche Elemente der apokalyptischen Tradition in die rabbinische Theologie übernommen, zumal Texte wie Jes 24–27 und das Danielbuch in den Kanon einbezogen worden sind. Dabei hat zweifellos auch die relative Nähe des apokalyptischen und des pharisäischen Denkens eine Rolle gespielt.

§ 17 Rezeption und Tragweite der Apokalyptik im Urchristentum und in der Alten Kirche

1 Die Rezeption apokalyptischen Denkens im Urchristentum

1.1 Jesu Botschaft von der anbrechenden Gottesherrschaft und die urchristliche Verkündigung sind nur zu verstehen, wenn der traditionsgeschichtliche und sachliche Zusammenhang mit der frühjüdischen Apokalyptik berücksichtigt wird. Die apokalyptische Prophetie der frühjüdischen Zeit ist die Brücke zwischen dem Alten und dem Neuen Testament. Der Zusammenhang mit den grundlegenden alten Traditionen Israels ist in der spätalttestamentlichen und frühjüdischen Apokalyptik gewahrt, und es sind zugleich Strukturelemente gewonnen, die für das christliche Denken maßgebend wurden.

1.2 Es handelt sich in der christlichen Überlieferung allerdings nicht um eine geradlinige Fortsetzung der frühjüdischen Apokalyptik. Bei der Rezeption der apokalyptischen Denkweise kam es zu tiefgreifenden Modifikationen. Entscheidend ist dabei, daß das für die vorchristliche Apokalyptik grundlegende Modell zweier sich ablösender Äone keine Gültigkeit mehr hat. Heil ist nicht erst in der Zukunft und im Jenseits zu erfahren, sondern bereits in der Gegenwart und im Diesseits. Damit ist die frühjüdische Konzeption der Apokalyptik an zentraler Stelle durchbrochen und deren Koordinatensystem tiefgreifend verändert.

1.3 Die urchristliche Tradition läßt erkennen, daß es bei der Rezeption der apokalyptischen Denkweise nicht nur eine weitreichende Veränderung, sondern auch eine Reduktion gegeben hat, die nur teilweise durch eine sich verstärkende Reapokalyptisierung rückgängig gemacht wurde. Im Zusammenhang mit der abgewandelten Grundstruktur ging es um eine sehr bewußte Vereinfachung der apokalyptischen Vorstellungswelt, die in vorchristlicher Zeit sehr ausgewuchert war. In dieser Gestalt hat das apokalyptische Denken dann aber eine fundamentale Bedeutung gehabt.

Trotz aller Modifikationen der vorgegebenen Konzeption handelt es sich jedenfalls bei Jesus und der Urchristenheit um eine charakteristisch apokalyptische Denkweise. Entscheidende Voraussetzungen sind übernommen. Insofern ist die Apokalyptik tatsächlich die „Mutter der (ur)christlichen Theologie" *(Käsemann)*.

2 Die Strukturelemente apokalyptischen Denkens

2.1 Von zentraler Bedeutung ist das Gottesverständnis. Das Gegenüber des Schöpfers zur Welt ist in der frühjüdischen wie in der urchristlichen Apokalyptik noch stärker betont als in den älteren Überlieferungen Israels, da die Jenseitigkeit und Erhabenheit Gottes eine besondere Rolle spielt. Verbunden damit ist die Vorstellung einer himmlischen Welt, in der das Urbild und das Ziel aller Schöpfung präfiguriert sind.

2.2 Das apokalyptische Verständnis der von Gott erschaffenen Welt ist nachhaltig geprägt von dem Gedanken der Vorläufigkeit und Vergänglichkeit. Die irdische Wirklichkeit hat einen Anfang und ein bevorstehendes Ende. In erheblicher Weise ist die Weltwirklichkeit bestimmt durch die in ihr waltende Macht der Sünde und des Unheils. Die zeitliche Existenz des Menschen ist daher wesentlich geprägt durch seine ausweglose Verstrickung in das Böse. Da innerweltlich keine Möglichkeit zur Befreiung aus der Verlorenheit besteht, ist Rettung allein durch einen Eingriff Gottes zu erwarten. Gibt es Erneuerung und Teilhabe an Gottes Heil nach frühjüdischer Erwartung erst am Ende der Zeiten, so ist für die urchristliche Apokalyptik eine Heilsteilhabe in der Gegenwart von entscheidender Bedeutung. Das die Menschen erfassende Heil ist jedoch noch nicht uneingeschränkt wirksam, es wird erfahren unter den Bedingungen von Unheil und Leiden.

2.3 Das geschichtliche Geschehen wird in christlicher Tradition ebenso wie in der frühjüdischen Apokalyptik universal verstanden. Aber es wird nicht primär von der seit der Urzeit herrschenden Sünde her gesehen, so sehr die Realität des Bösen in der Welt ernst genommen wird, sondern alle Geschichte wird jetzt von dem erneuernden Handeln Gottes her und im Blick auf die Heilsvollendung verstanden. Die irdische Geschichte hat ihre entscheidende Wende in der Person Jesu Christi erfahren. Daher wird das Auftreten Jesu Christi als Anfang der neuen Schöpfung zum maßgebenden Bezugspunkt für das Geschichtsverständnis.

2.4 Die Zukunftsorientierung bleibt im Urchristentum wie in der frühjüdischen Apokalyptik konstitutiv. Wie dort wird sie auch nicht als innerweltliche Erneuerung, sondern als eine Totalerneuerung verstanden. Aber sie ist nun nicht mehr die erst noch zu erwartende Heilsverwirklichung, sie ist die Vollendung des bereits angebrochenen Heils. Alles Irdische findet sein Ende, damit das Neue an seine Stelle treten kann. Der Tod hat nicht die Bedeutung des Vergehens, vielmehr ist er Durchgang zum wahren Leben. Deshalb hat die Auferweckung von den Toten eine konstitutive Funktion, was durch das Ostergeschehen noch in besonderer Weise bewußt geworden ist. Wie die Totenauferweckung die personale Identität wahrt, so macht das Jüngste Gericht deutlich, daß die Verantwortung auf Erden und die Teilhabe am Endheil in einem inneren Zusammenhang stehen.

2.5 Sind diese Strukturelemente vorgegeben, wenn auch weitreichend modifiziert, so ist mit der Christologie ein neues Element hinzugetreten. Sie knüpft an die Apokalyptik an, wie vor allem die Parusieerwartung und die Menschensohnvorstellung zeigt, gewinnt aber zunehmend Selbständigkeit und ein Eigengewicht. Das christologische Bekenntnis ist zentral mit dem Gottesverständnis verbunden, genauer: mit dem Verständnis des Handelns Gottes in der Welt. Die Christologie ist eine Explikation der durch Jesu Auftreten in der Welt sich ereignenden Wende zum Heil. Insofern besitzt sie eine integrale Funktion innerhalb des apokalyptischen Rahmens.

3 Die Tragweite apokalyptischen Denkens im frühen Christentum

3.1 Die Frage nach der Tragweite des apokalyptischen Denkens für die christliche Verkündigung und Theologie ist schon im Blick auf das Neue Testament zu stellen, weil das jüdisch geprägte Denken und damit die apokalyptische Auffassung zwar eine entscheidende Bedeutung für das älteste Christentum gehabt hat, aber doch sehr bald durch eine andere Denkweise überlagert worden ist. Das war zunächst die griechische Sprach- und Vorstellungsweise, soweit sie vom hellenistischen Judentum adaptiert und dort der biblischen Denkweise angepaßt war. Für das Urchristentum waren damit Weichen gestellt für eine theologische Reflexion, die sehr viel stärker die griechischen Verstehensvoraussetzungen berücksichtigte. Wir beobachten bereits im Neuen Testament eine beginnende Transformation der Verkündigung und Theologie aufgrund hellenistischer Denkgewohnheiten. Das ist zweifellos am deutlichsten bei den deuteropaulinischen Briefen an die Kolosser und die Epheser zu erkennen. Was hier in Ansätzen vorhanden ist, wurde dann in der Alten Kirche konsequent ausgeführt. Gleichwohl sind grundlegende Elemente des alttestamentlichen und des apokalyptischen Denkens festgehalten worden. Dazu gehört das Verständnis der Welt als Schöpfung Gottes, die aufgrund der Sünde und der Macht des Bösen durch einen rettenden Eingriff Gottes grundlegend erneuert werden muß. Dazu gehört weiter das spezifisch christliche Zeugnis über die Relation von Heilsgegenwart und Heilszukunft. Und ebenso konstitutiv ist die Erkenntnis der Jenseitigkeit des Heils, weswegen das vollendete Heil erst aufgrund der Auferweckung von den Toten, des Gerichts und einer Teilhabe an der Wirklichkeit Gottes und des erhöhten Christus erlangt werden kann. Diese fundamentalen Sachverhalte sind richtungsweisend geblieben. Insofern sind die wesentlichen Elemente, die bei der Rezeption der frühjüdischen Apokalyptik eine Rolle spielten, nicht verlorengegangen, auch wenn es in der Folgezeit zu schwerwiegenden Gewichtsverlagerungen kam.

3.2 Die Möglichkeit, die apokalyptischen Elemente festzuhalten und in einer veränderten Denkweise und Sprachgestalt weiterzuführen, bot vor allem die platonische Tradition. Hier war der Bereich des Göttlichen nicht eine bloße Überhöhung und Spiegelung der irdischen Wirklichkeit, hier wurde das Gegenüber einer idealen transzendenten

Welt und der irdischen Realität Ausgangspunkt für das Denken. Schon Philo hat sich der platonischen Denkweise bedient, um den jüdischen Glauben unter griechischen Prämissen zu interpretieren, und seit den Apologeten hat sich das platonische Denken im frühen Christentum zunehmend durchgesetzt. Mit Hilfe dieser philosophischen Tradition ließen sich die Auffassung von der Jenseitigkeit Gottes, das Welt- und Geschichtsverständnis sowie das Bekenntnis des auf Erden bereits wirksamen Heils samt der Zukunftserwartung neu artikulieren. In diese Denkweise konnten also die entscheidenden apokalyptisch geprägten Glaubensaussagen integriert werden, wenngleich die Struktur dieses Denkens auch zu erheblichen Umformungen führte.

§ 18 Die theologische Funktion apokalyptischen Denkens und deren Gegenwartsbedeutung

1 Zur theologischen Funktion

1.1 Jede Theologie ist ein Nach-Denken über den Glauben. Im Blick auf die Ganzheit menschlicher Existenz ist der Glaubende darauf angewiesen, über das Hören der christlichen Botschaft und die persönliche Erfahrung hinaus sich mit seiner Vernunft Rechenschaft zu geben über Wesen und Eigenart seines Glaubens. Nur so ist ein reflektiertes Glaubenszeugnis möglich. Theologische Besinnung führt diese Reflexion weiter. Sie bedarf dazu spezifischer Begriffe und klarer Vorstellungen. Begriffe und Vorstellungen sind aus der Tradition vorgegeben, und um der Verständigung willen sind neue Aussagen immer nur in Anknüpfung an bereits bekannte Sprachformen möglich. Insofern hat theologisches Denken zunächst die Aufgabe einer Vermittlung überkommener Glaubenstraditionen. Die frühjüdische Apokalyptik knüpfte an Vorstufen in der exilisch-nachexilischen Prophetie an und war ihrerseits die entscheidende und bewußt aufgegriffene Traditionsvorgabe für Jesus und die Urchristenheit. Die Apokalyptik ist insofern eine spezielle Form theologischen Denkens.

1.2 Bei einer Aneignung und Vermittlung von Traditionen geht es zugleich und vor allem um eine Aktualisierung für die jeweilige Gegenwart. Die apokalyptischen Denkmodelle hatten im Frühjudentum und im Neuen Testament ihre theologische Funktion darin, daß sie der Artikulation von Glaubensaussagen dienten, die gegenwartsbezogen waren. Die Verschränkung der traditionellen mit neuen Elementen ist dafür kennzeichnend. Das zeigt sich in der frühjüdischen Apokalyptik an der nicht unerheblichen Transformation der vorangegangenen prophetischen Verkündigung, und bei der Rezeption durch Jesus und die Urchristenheit ist es zu einer nochmaligen tiefgreifenden Modifikation dieser Konzeption gekommen. Diente das apokalyptische Denkmodell im Frühjudentum der Deutung der bedrängenden Gegenwartssituation, so ging es bei Jesus und im Urchristentum entscheidend um die Vermittlung der Botschaft von der anbrechenden Heilsverwirklichung. Im apokalyptischen Denkhorizont führte dieser Gegenwartsbezug jeweils zu neuen sprachlichen Ausdrucksformen, wie die visionären Schilderungen der frühjüdischen Tradition, die Gleichnisrede Jesu oder das christologische Bekenntnis der Urgemeinde zeigen.

1.3 Das apokalyptische Denken hat seine Funktion jedoch nicht nur in der Vermittlung und der Aktualisierung von Glaubensaussagen gehabt, es diente zugleich dazu, wesentliche Inhalte des Glaubens zum Ausdruck zu bringen. Im Zusammenhang mit diesem Denkmodell ging es deshalb im Frühjudentum wie im Urchristentum auch um inhaltliche Sachbezüge, die festzuhalten sind. Die apokalyptische Denkweise erwies sich in hohem Maße als sachadäquat nicht nur für den jüdischen Glauben, sondern ebenso für die Botschaft Jesu und der Urgemeinde. Deshalb gilt es, bei einer neu sich stellenden Aufgabe der Übertragung apokalyptischer Aussagen und Vorstellungen in andere Denkvoraussetzungen die entscheidenden inhaltlichen Anliegen zu wahren und in neuer Weise zum Ausdruck zu bringen.

2 Die geistesgeschichtliche Auswirkung des apokalyptischen Denkens

2.1 Grundstrukturen der apokalyptischen Denkweise sind, wie gezeigt, in die Tradition der Alten Kirche trotz griechischer Prämissen eingegangen. Sie haben aber auch in ihrer ursprünglichen Gestalt eine erhebliche Nachwirkung gehabt, wie vor allem die Beschäftigung mit dem Danielbuch und der Johannesoffenbarung und deren Auslegungen zeigen. Sehen wir von immer wieder aufgebrochenen schwärmerischen Erwartungen ab, so ist festzustellen, daß die Apokalyptik einen ganz entscheidenden Einfluß auf das abendländische Denken gehabt hat. Das zeigt sich insbesondere an dem Geschichtsverständnis. Neben einer Geschichtstheologie, wie sie seit *Augustin* mehrfach vertreten worden ist, ist das Phänomen einer Geschichtsphilosophie in unserer Geistesgeschichte anders gar nicht zu erklären. An zwei beachtenswerten Veröffentlichungen soll das verdeutlicht werden.

2.2 In der 1953 erschienenen Studie des Philosophen *Karl Löwith* (1897–1973), Weltgeschichte und Heilsgeschehen, ist die Eigenart der europäischen Geschichtsphilosophie an charakteristischen Beispielen überzeugend aufgezeigt worden: Der Einfluß der biblischen Sicht der Geschichte, insbesondere in ihrer apokalyptischen Ausprägung, läßt sich über Augustin in der Alten Kirche, Joachim von Fiore im Mittelalter bis zu Friedrich Hegel, Karl Marx und Jacob Burckhardt im 19. Jahrhundert deutlich erkennen. Trotz aller Umformungen und Ablösungstendenzen steht das Geschichtsbild der frühjüdischen und urchristlichen Apokalyptik im Hintergrund.

2.3 Auch das 1947 erstmals veröffentlichte Buch des jüdischen Theologen *Jacob Taubes* (1923–1987), Abendländische Eschatologie, geht von diesem Sachverhalt aus und zeigt, daß vor allem die Zukunftsorientierung bzw. die Zielvorstellung der Apokalyptik für die geschichtsphilosophischen Entwürfe maßgebend geworden ist. Das hat sich trotz aller Bemühungen um Enteschatologisierung stets wieder durchgesetzt. Allerdings stellt Taubes fest: „Am Ende der Geschichte Europas, da die christlich-apokalyptische Substanz aufgezehrt ist, taucht das Symbol der ewigen Wiederkehr des Gleichen wieder auf" (S. 15). Er verweist dabei insbesondere auf Friedrich Nietzsche, der auch für Löwith in diesem Zusammenhang eine wichtige Rolle spielt. Jacob Taubes geht in erster Linie dem Zerbrechen der apokalyptischen Weltsicht nach, um jedoch abschließend darauf hinzuweisen, daß nur von der Grundkonzeption der Apokalyptik her das Wesen der Welt und des Menschen in ihrer Geschichtlichkeit wirklich erkannt werden können. Eine mögliche Lösung des bis heute anstehenden Problems sieht Taubes dann in einer coincidentia oppositorum der beiden Sichten; jedenfalls darf das apokalyptische Erbe nach seiner Auffassung nicht verlorengehen (vgl. S. 193).

3 Die Aktualität des apokalyptischen Denkens

3.1 Die Frage nach der Aktualität des apokalyptischen Denkens ist zugleich die Frage nach dem Verständnis von Geschichte und erfahrbarer Wirklichkeit sowie der Situation des Menschen in der Welt von heute. Ein modernes Geschichtsverständnis, das nicht nur von Fakten ausgeht, das auch nicht allein von der existentiellen menschlichen Erfahrung her entwickelt wird, sondern Sinn und Gesamtzusammenhang allen irdischen Geschehens mitbedenken will, steht vor der Aufgabe, ein umfassendes Konzept aufzugreifen oder neu zu entwickeln. Die heutigen technischen Möglichkeiten und die rapiden geschichtlichen Wandlungen lassen ein am zyklischen Naturgeschehen orientiertes Verständnis im Sinn der ewigen Wiederkehr kaum mehr zu. Daher bleibt das apokalyptische Welt- und Geschichtsverständnis immer noch richtungweisend. Mag profane Geschichtswissenschaft vielfach auf eine Gesamtsicht der Geschichte verzichten, so ist doch für eine theologische Betrachtung die Frage nach einem Gesamtzusammenhang unerläßlich. So hat *Achim Dunkel* seine 1989 erschienene Arbeit über „Christlicher Glaube und historische Vernunft", als „interdisziplinäre Untersuchung über die Notwendigkeit eines theologischen Geschichtsverständnisses" gekennzeichnet.

3.1.1 Auch wenn das apokalyptische Geschichtsbild nicht unverändert übernommen wird und die Säkularisierung der Anschauungen vorausgesetzt werden muß, was in gewisser Weise eine Rückkehr zur vorapokalyptischen Erwartung ist, die ja Hoffnung auf eine innerweltliche Heilszeit war, kann Geschichte, wenn sie umfassend gesehen werden soll, kaum grundsätzlich anders verstanden werden als unter den Voraussetzungen der Apokalyptik.

3.1.2 Maßgebend für ein von der Apokalyptik geprägtes Geschichtsverständnis ist nach *Jacob Taubes* das Grundprinzip, daß der Ursprung von Zeit und Geschichte aus der Ewigkeit Gottes kommt und daß das Ziel allen Geschehens wieder in die Ewigkeit einmündet. Von daher ergibt sich notwendig die universale Dimension. Hinzu kommt, daß auch das geschichtliche Geschehen selbst einen Sinn allein in Relation zu dem Geheimnis der Ewigkeit besitzt.

3.1.3 Wenn nach heutiger Auffassung bei der Apokalyptik in der Regel an gegenwärtige oder bevorstehende Katastrophen gedacht wird, ist das insofern nicht falsch, als tatsächlich für alle apokalyptischen Konzeptionen die Vergänglichkeit der irdischen Ordnungen, das Unheil in der Welt und das Ende der diesseitigen Wirklichkeit eine wesentliche Rolle spielen. Daß Katastrophen ein Zeichen sind für die Vergänglichkeit der Welt, wird nachdrücklich hervorgehoben. Unheil ist aber weithin durch die Menschen verursacht, so daß sich die Frage stellt, wie solches Unheil zu beurteilen ist, ob und wie es überwunden werden kann. Für das apokalyptische Denken des Frühjudentums und des Neuen Testaments stehen das Unheil und das Böse in Zusammenhang mit der menschlichen Abkehr von Gott und der darin wurzelnden Sünde, die als versklavende und zersetzende Macht wirksam geworden ist. Eine Überwindung gibt es nur durch das erneuernde Handeln Gottes, das sich durchsetzt, das definitiv alles Böse überwindet, damit aber auch der irdischen Wirklichkeit ihr Ende setzt.

3.1.4 Im Rahmen dieser Sicht allen Geschehens wird in der Apokalyptik die Situation des Menschen verstanden, der dem Unheil und den Katastrophen ausgesetzt ist. Auch wenn er dem geschichtlichen Geschick nicht enthoben ist, so kann er sich doch im Glauben gehalten wissen von Gott. Hat er nach der Auffassung der jüdischen Apokalyptik nur die Hoffnung auf künftiges Heil, so ist er nach dem christlichen Bekenntnis bereits einbezogen in die Wirklichkeit der neuen Schöpfung und des Ewigen.

3.2 Angesichts der gerade auch in unserer Zeit immer bedrängender werdenden Unheilserfahrung ist das apokalyptische Denken im biblischen Sinn eine Hilfe zu einer Deutung der Gegenwartssituation, bei der nicht Resignation aufkommen muß, sondern Zuversicht gewonnen werden kann. Angesichts aller Katastrophen ist die Bestimmung der irdischen Geschichte im Blick zu behalten, die in Gott ihren Ursprung und ihr Ziel, aber auch ihren inneren Halt hat, obwohl das Böse und das Unheil noch vorherrschen. Angesichts der Vergänglichkeit der Welt und der Tatsache, daß das Böse keinen Bestand haben wird, gilt es, die Existenz im Ewigen zu gründen und auf die Zuwendung Gottes im Diesseits zu vertrauen.

3.3 Apokalyptik ist in einer Zeit der Krise ausgebildet worden und fand bezeichnenderweise auch immer wieder in Krisenzeiten eine intensive Berücksichtigung. Nicht zufällig wird in der gegenwärtigen Situation häufig auf das Phänomen des Apokalyptischen hingewiesen, und das wird sich vermutlich bis zum Jahr 2000 noch verstärken. Dieses Krisenbewußtsein in den Zusammenhang biblischer Geschichtsschau zu stellen, ist eine entscheidende Aufgabe der Theologie und der Kirche in der vor uns liegenden Zeit.

Literatur

Die hier zusammengestellte Literatur dient dazu, für die in den Einzelparagraphen erwähnten Bücher und Aufsätze genaue bibliographische Angaben nachzutragen. Außerdem werden für eine intensivere Beschäftigung mit den einzelnen apokalyptischen Schriften einige weiterführende Arbeiten erwähnt. Kommentare zu alttestamentlichen und neutestamentlichen Schriften werden nur in Ausnahmefällen genannt.

1 Textausgaben

Biblia Hebraica Stuttgartensia (ed. Karl Elliger – Wilhelm Rudolph – Hans Peter Rüger), Stuttgart ²1984
Septuaginta (ed. Alfred Rahlfs), Stuttgart 1935, Nachdruck 1979
Biblia Sacra iuxta Vulgatam versionem (ed. Robert Weber), Stuttgart ²1975
Emil Kautzsch (Hrsg.), Die Apokryphen und Pseudepigraphen des Alten Testaments Bd. II: Die Pseudepigraphen, D: Pseudepigraphische Apokalypsen, Tübingen 1900 (letzter Nachdruck 1992)
Paul Rießler, Altjüdisches Schrifttum außerhalb der Bibel, Augsburg 1928 (Nachdruck 1966)
Werner Georg Kümmel (Hrsg.), Jüdische Schriften aus hellenistisch-römischer Zeit Bd. II: Unterweisung in erzählender Form, Lieferung 3 (Buch der Jubiläen), Gütersloh 1981
ders., Jüdische Schriften ... Bd. III: Unterweisung in lehrhafter Form, Lieferung 1 (Testamente der zwölf Patriarchen), Gütersloh 1974

ders., Jüdische Schriften ... Bd. V: Apokalypsen, Lieferungen 1–7 (unabgeschlossen), Gütersloh 1974–1995

Johann Maier, Die Qumran-Essener: Die Texte vom Toten Meer Bd. I-III (UTB 1862/1863/1916), München-Basel 1995

Novum Testamentum Graece (ed. Nestle-Aland), Stuttgart ^{27}1993

Andreas Lindemann – Henning Paulsen (Hrsg.), Die Apostolischen Väter. Griechisch-deutsche Parallelausgabe, Tübingen 1992

Wilhelm Schneemelcher (Hrsg.), Neutestamentliche Apokryphen in deutscher Übersetzung Bd. II: Apostolisches, Apokalypsen und Verwandtes, Tübingen ^{5}1989

James Robinson (Ed.), The Nag Hammadi Library in English, Leiden ^{3}1988

2   Zur Forschungsgeschichte

Friedrich Lücke, Versuch einer vollständigen Einleitung in die Offenbarung des Johannes oder Allgemeine Untersuchungen über die apokalyptische Litteratur überhaupt und die Apokalypse des Johannes insbesondere, Bd. I: Das erste Buch, über den Begriff und die Geschichte der apokalyptischen Litteratur überhaupt, Bonn (1832) ^{2}1852

Eduard Reuss, Art. Johanneische Apokalypse (1843), in: Klaus Koch – Johann Michael Schmidt (Hrsg.), Apokalyptik (WdF 365), Darmstadt 1982, S. 31–40

Adolf Hilgenfeld, Die jüdische Apokalyptik in ihrer geschichtlichen Entwickelung, Jena 1857 (Nachdruck 1966)

Hermann Gunkel, Schöpfung und Chaos in Urzeit und Endzeit, Göttingen 1895 = ^{2}1921

Julius Wellhausen: Analyse der Offenbarung Johannis (AGG, NF IX 4), Berlin 1907 (Nachdruck 1970)

Wilhelm Bousset – Hugo Gressmann, Die Religion des Judentums im späthellenistischen Zeitalter (HNT 21), Tübingen ^{3}1926 = ^{4}1966, S. 242–289

Paul Volz, Die Eschatologie der jüdischen Gemeinde im neutestamentlichen Zeitalter, Tübingen 1934

Johann Michael Schmidt, Die jüdische Apokalyptik. Die Geschichte ihrer Erforschung von den Anfängen bis zu den Textfunden von Qumran, Neukirchen, 1969, ²1976

Klaus Koch – Johann Michael Schmidt (Hrsg.), Apokalyptik (WdF 365), Darmstadt 1982 (Nachdruck forschungsgeschichtlich wichtiger Studien)

3 Zur neueren Diskussion

Gerhard von Rad, Theologie des Alten Testaments Bd. II, München 1960, S. 314–328; ¹⁰1993, S. 315–337

Harold Henry Rowley, Apokalyptik, Einsiedeln 1965 (= The Relevance of Apocalyptic, London ³1963, Erstauflage 1944)

Josef Schreiner, Alttestamentlich-jüdische Apokalyptik. Eine Einführung, München 1969

Peter von der Osten-Sacken, Die Apokalyptik in ihrem Verhältnis zu Prophetie und Weisheit (TEH 157), München 1969

Klaus Koch, Ratlos vor der Apokalyptik, Gütersloh 1970

Walter Schmithals, Die Apokalyptik. Einführung und Deutung, Göttingen 1973

Ferdinand Dexinger, Henochs Zehnwochenapokalypse und offene Probleme der Apokalyptikforschung, Leiden 1977, S. 3–94

Jürgen Lebram – Karlheinz Müller – August Strobel – Karl-Heinz Schwarte, Art. Apokalyptik/Apokalypsen II–V, in: TRE III, Berlin 1978, S. 192–275

David Hellholm (Hrsg.), Apocalypticism in the Mediterranean World and the Near East, Tübingen 1983, ²1989 (Dokumentation des Uppsala-Kongresses 1979)

Karlheinz Müller, Studien zur frühjüdischen Apokalyptik (SBAB 11), Stuttgart 1991, bes. S. 19–33 und S. 195–227

4 Beachtenswerte Einzelstudien zur alttestamentlich-frühjüdischen Apokalyptik

Ferdinand Dexinger, Das Buch Daniel und seine Probleme (SBS 36), Stuttgart 1969
Klaus Koch, Das Buch Daniel (EdF 144), Darmstadt 1980
Jürgen-Christian Lebram, Das Buch Daniel (ZBK AT 23), Zürich 1984
Paul D. Hanson, Alttestamentliche Apokalyptik in neuer Sicht, in: Koch-Schmidt, Apokalyptik, S. 440–470
Johannes Theisohn, Der auserwählte Richter. Untersuchungen zum traditionsgeschichtlichen Ort der Menschensohngestalt der Bilderreden des Äthiopischen Henoch (StUNT 12), Göttingen 1975
Helge S. Kvanvig, Roots of Apocalyptic. The Mesopotamian Background of the Enoch Figure and of the Son of Man (WMANT 61), Neukirchen 1988
Matthias Albani, Astronomie und Schöpfungsglaube. Untersuchungen zum Astronomischen Henochbuch (WMANT 68), Neukirchen 1994
Wolfgang Wichmann, Die Leidenstheologie (BWANT IV/2), Stuttgart 1930
Wolfgang Harnisch, Verhängnis und Verheißung der Geschichte. Untersuchungen zum Zeit- und Geschichtsverständnis im 4. Buch Esra und in der syr. Baruchapokalypse (FRLANT 97), Göttingen 1969
Egon Brandenburger, Die Verborgenheit Gottes im Weltgeschehen. Das literarische und theologische Problem des 4. Esrabuches (AThANT 68), Zürich 1981
Klaus Berger, Synopse des Vierten Buches Esra und der syrischen Baruch-Apokalypse (TANZ 8), Tübingen-Basel 1992

5 Beachtenswerte Einzelstudien zur frühchristlichen Apokalyptik

Ernst Käsemann, Die Anfänge christlicher Theologie (1960), in: ders., Exegetische Versuche und Besinnungen Bd. II, Göttingen 1964, S. 82–104 ders., Zum Thema der urchristlichen Apokalyptik, in: ders., a. a. O., S. 105–131

Rudolf Bultmann, Ist die Apokalyptik die Mutter der christlichen Theologie? (1964), in: ders., Exegetica, Tübingen 1967, S. 476–482, auch in: Koch/Schmidt, Apokalyptik, S. 370–376

Josef Ernst, Johannes der Täufer (BZNW 53), Berlin 1989, S. 290–346

Joachim Gnilka, Jesus von Nazaret (HThK Suppl. 3), Freiburg 1990 (jetzt auch als Taschenbuchausgabe)

Jörg Baumgarten, Paulus und die Apokalyptik (WMANT 44), Neukirchen 1975

Wolfgang Trilling, Untersuchungen zum zweiten Thessalonicherbrief (EThSt 27), Leipzig 1972

ders., Der zweite Brief an die Thessalonicher (EKK XIV), Zürich-Neukirchen 1980

Ferdinand Hahn, Die Rede von der Parusie des Menschensohnes Markus 13, in: Jesus und der Menschensohn (FS Anton Vögtle), Freiburg 1975, S. 240–266

Egon Brandenburger, Markus 13 und die Apokalyptik (FRLANT 134), Göttingen 1984

Rudolf Pesch, Das Markusevangelium 2. Teil (HThK II/2), Freiburg i.B. 1977, ^{4}1991

Ferdinand Hahn, Die eschatologische Rede Matthäus 24 und 25, in: Studien zum Matthäusevangelium (FS Wilhelm Pesch) (SBS), Stuttgart 1988, S. 107–126

Joachim Gnilka, Das Matthäusevangelium 2. Teil (HThK I/2), Freiburg i. B. 1988, ^{2}1992

Ulrich Luz, Das Evangelium nach Matthäus (Mt 18–25) (EKK I/3), Zürich-Neukirchen 1997

Ruthild Geiger, Die lukanischen Endzeitreden (EHS.T 16), Bern 1973

Gerhard Schneider, Das Evangelium nach Lukas Kapitel 11–24 (ÖTK 3/2), Gütersloh-Würzburg 1977, ^{2}1984

Otto Böcher, Die Johannesapokalypse (Erträge der Forschung 41), Darmstadt ^{3}1988

ders., Kirche in Zeit und Endzeit. Aufsätze zur Offenbarung des Johannes, Neukirchen 1983

Eduard Lohse, Die Offenbarung des Johannes (NTD 11), Göttingen ^{8}1993

Jürgen Roloff, Die Offenbarung des Johannes (ZBK NT 18), Zürich ²1987

Anton Vögtle, Das Buch mit den sieben Siegeln, Freiburg i. B. 1981

Ernst Käsemann, Eine Apologie der urchristlichen Eschatologie (1952), in: ders., Exegetische Versuche und Besinnungen Bd. I, Göttingen 1960, S. 135–157

Kurt Aland, Bemerkungen zum Montanismus und zur frühchristlichen Eschatologie, in: ders., Kirchengeschichtliche Entwürfe, Gütersloh 1960, S. 105–148

Kurt Erlemann, Endzeiterwartungen im frühen Christentum (UTB 1937), Tübingen-Basel 1996

6 Zum Schlußteil

Karl Löwith, Weltgeschichte und Heilsgeschehen (Urban-TB 2), Stuttgart 1953 (mehrere Auflagen), auch in: ders., Sämtliche Schriften Bd. 2, Stuttgart 1983

Jacob Taubes, Abendländische Eschatologie, Bern 1947, München ²1991 (mit Anhang: Martin Buber und die Geschichtsphilosophie, Stuttgart 1965)